Herbert Haag

Worauf es ankommt

Herbert Haag

Worauf es ankommt

Wollte Jesus
eine Zwei-Stände-Kirche?

Herder

Freiburg · Basel · Wien

„Wenn ihr doch verspürtet,
was es heißt:
Barmherzigkeit will ich
und nicht Opfer."

(Matthäus 12, 7)

Umschlaggestaltung: Finken & Bumiller, Stuttgart

Alle Rechte vorbehalten – Printed in Germany
© Verlag Herder Freiburg im Breisgau 1997
Gesamtherstellung: Freiburger Graphische Betriebe, Freiburg 1997
Gedruckt auf umweltfreundlichem,
säure- und chlorfrei gebleichtem Papier
ISBN 3-451-26049-2

*Den Laien
in der Kirche
gewidmet*

Inhalt

III
Von der Jüngergemeinde zur Kleruskirche

Worauf es ankommt

Vorwort

Die Krise des römisch-katholischen Priesterstandes ist offenkundig. Was immer auch die Amtskirche bisher unternommen hat, um ihr zu begegnen, ist wirkungslos geblieben. Priestermangel, Gemeinden ohne Eucharistie, Zölibat, Frauenordination bezeichnen die Probleme, die zwar nicht allein, aber doch weitgehend die gegenwärtige Not der katholischen Kirche bestimmen. Immer häufiger werden Laien zu Gemeindeleitern eingesetzt, die aber – weil sie nicht „geweiht" sind – mit ihrer Gemeinde nicht Eucharistie feiern können, wozu sie doch eigentlich verpflichtet wären. Dies war in der frühen Kirche kein Problem. Da lag die Eucharistiefeier allein in der Hand der Gemeinde. Die ihr im Einvernehmen mit der Gemeinde vorstanden, waren keine „Geweihten". Es waren ganz normale Gemeindeglieder. Wir würden sie heute Laien nennen, Männer, aber auch Frauen, in der Regel verheiratete, aber auch unverheiratete. Entscheidend war der Auftrag der Gemeinde. Warum sollte, was damals möglich war, nicht auch heute möglich sein?

Wenn Jesus, wie behauptet wird, das Priestertum des Neuen Bundes eingesetzt hat: Warum ist davon die ersten vierhundert Jahre in der Kirche nichts wahrzunehmen? Überdies: Alle sieben Sakramente, die die katholische Kirche kennt, sollen von Jesus gestiftet sein. Bei mehr als einem Sakrament ist dieser Nachweis schwierig. Völlig unmöglich ist er beim Sakrament der Priesterweihe. Vielmehr hat Jesus durch Wort und Tat gezeigt, daß er keine Priester wollte. Weder war er selber Priester, noch war es einer von den „Zwölf" und auch nicht Paulus.

Ebensowenig läßt sich das Amt der Bischöfe auf Jesus zurückführen. Die Annahme, die Apostel hätten, um für die Fortdauer ihres Amtes Vorsorge zu treffen, Bischöfe zu ihren Nachfolgern eingesetzt, ist unhaltbar. Das Bischofsamt ist, wie alle anderen kirchlichen Ämter, eine Schöpfung der Kirche, es hat sich historisch entwickelt. Und damit stehen diese beiden Ämter, Bischof und Priester, jederzeit zur freien Disposition der Kirche. Sie können beibehalten, verändert oder abgeschafft werden.

Die Krise der Kirche wird so lange andauern, wie sich diese nicht entschließt, sich eine neue Verfassung zu geben, eine Verfassung, in der es für zwei Stände – Priester und Laien, Geweihte und Nichtgeweihte – keinen Platz mehr gibt, sondern ein kirchlicher Auftrag ausreicht, um eine Gemeinde zu leiten und mit ihr Eucharistie zu halten. Und ein solcher Auftrag kann Männern und Frauen, Verheirateten und Unverheirateten zuteil werden. Damit wäre zugleich in einem Zug das Problem der Frauenordination wie die Zölibatsfrage gelöst.

Der Forderung, es dürfe in der Kirche nicht zwei Klassen geben, wird vor allem entgegengehalten, es habe immer wieder organische Entwicklungen gegeben, die sich nur indirekt vom Neuen Testament her begründen ließen. Als Beispiel wird etwa die Kindertaufe genannt, die sich nicht ausdrücklich auf das Neue Testament berufen kann, ihm aber auch nicht widerspricht. Indes ist der Verweis auf Entwicklungen nur so lange haltbar, wie diese mit den Grundaussagen des Evangeliums in Einklang stehen. Widersprechen sie diesen in entscheidenden Punkten, sind sie illegitim, unerträglich und schädlich.

Dies gilt mit Sicherheit von der Priesterkirche. Eine Befragung der biblischen und frühchristlichen Zeugen zeigt eindeutig und überzeugend, daß Hierarchie und Priestertum sich in der Kirche an der Schrift vorbei entwickelten und nachträglich als ihr zugehörig dogmatisch gerechtfertigt wurden. Alle Zeichen deuten darauf hin, daß für die Kirche die Stunde geschlagen hat, sich auf ihr eigentliches Wesen zurückzubesinnen.

Tiefen Dank schulde ich Katharina Elliger und Margot Höfling für die formale Gestaltung des Manuskripts, meinen Kollegen Meinrad Limbeck, Willy Rordorf, Otto Wermelinger und Dietrich Wiederkehr für fachliche Hilfe und Beratung. Ludger Hohn-

Kemler hat, wie immer, vorbildlich seines Amtes als Lektor gewaltet. Das ausgezeichnete Angebot der Luzerner Zentralbibliothek und die Zuvorkommenheit der Leihausgabe kann ich nur immer wieder bewundern.

Ich darf das Buch bevorzugt den Gläubigen jener Bistümer widmen, denen unmittelbar mein kirchlicher Dienst galt: Chur, Basel und Rottenburg-Stuttgart.

Luzern, Neujahr 1997   Herbert Haag

9

I

Die „Entdeckung" des Laien

Das 20. Jahrhundert sei das Jahrhundert des Laien, das Jahrhundert, in dem die Kirche den Laien „entdeckt" habe – so wird mit Nachdruck der Wandel eingeschätzt, der sich in unserer Zeit in der Kirche vollzog. Wenn dies zutrifft, dann ist es unbegreiflich. Denn was sind die Laien anderes als die Jünger, die Jüngerinnen Jesu oder, wie man sie seit frühester Zeit nannte (Apg 11,26), die Christen?[1] Demnach hätte es zweitausend Jahre gedauert, bis die christliche Kirche den Christen entdeckte. Auch vom „Erwachen" des Laien ist die Rede, von seiner „Mündigkeit" und von der „Stunde des Laien", die geschlagen habe. Was war denn der Laie in den vorangehenden neunzehn Jahrhunderten?

Wie wir sehen werden (s. u. S. 102 ff), erscheint das Laientum als „Stand" mit der Ausbildung einer Hierarchie, einer „Priesterordnung", eines Klerus, vom 3. Jahrhundert an, nachdem die frühere Vielzahl von Diensten in den Gemeinden in die klassische Ämterdreizahl Bischof, Presbyter, Diakon eingemündet war (s. u. S. 100 f). Damit setzte aber auch die Abwertung des Laien ein. Anfänglich mag sich der Gegensatz zwischen Amtsträgern und Nichtamtsträgern in Grenzen gehalten haben. Bald aber sollte er

---

[1] Das Wort „Laie" leitet sich vom griechischen *laos*, Volk, her. In der Kirchensprache sind die Laien die zum „Volk" im Unterschied zum Klerus Gehörenden. Wie wir sehen werden (s. u. S. 86), erscheint das Wort „Laie" in der christlichen Literatur erstmals im 1. Klemensbrief (Ende 1. Jh.). Zwar meint das Wort dort den *jüdischen* Gläubigen im Unterschied zu den Priestern und Leviten des Tempels. Zu Beginn des 3. Jh. jedoch ist die Übertragung auf den *christlichen* Gläubigen vollzogen. Der Laie ist jetzt der Gläubige in Unterscheidung vom Priester und Diakon (Clemens v. Alexandrien), vom Kleriker (Origenes), vom Amtsträger (Tertullian), – Neuner, 42–45.

11

sich dadurch verschärfen, daß die Übernahme eines Amtes vom Empfang einer *Weihe* abhängig gemacht wurde. Fortan standen sich Geweihte und Nichtgeweihte, *ordo* und *plebs*, als zwei nicht nur kultisch, sondern auch sozial getrennte „Stände" gegenüber.[2]Die Unterscheidung zwischen *ordo* und *plebs*, Klerus und Laien, wird zum bestimmenden Zug der Kirche, und dies bis heute.

Der Laie ist fortan der *Nicht-Priester* oder der *Nicht-Kleriker*. „Er ist nun definiert durch seine Nicht-Zugehörigkeit zum Stand des Klerus."[3]

Verschiedene Entwicklungen haben dazu beigetragen, daß die Kluft zwischen Klerus und Laien sich immer mehr vertiefte. Zwei sind vor allem zu nennen. Die eine war die *Konstantinische Wende*, die Privilegierung der christlichen Kirche durch den römischen Kaiser Konstantin und ihre Eingliederung in den Staat (ab 312). Damit übertrug sich die für den Staat selbstverständliche Unterscheidung zwischen Obrigkeit und Untergebenen auch auf die Kirche.[4]„Das Verbindende zwischen Hierarchie und Laien

---

[2] Vgl. zu diesem Thema vor allem Sustar.

[3] Neuner, 45. – Auch die *reformatorischen* Kirchen sprechen von Laien. Da sie aber keinen Klerus kennen, muß der Begriff Laie einen anderen Sinn haben als den des Nicht-Klerikers. Im Protestantismus steht der „Laie" einerseits dem theologisch Gebildeten gegenüber, andererseits aber auch dem (obwohl nicht theologisch gebildeten, so doch) vollamtlich im kirchlichen Dienst Stehenden. Zur Unterscheidung von diesen „Laien" wird von der ersten Gruppe, den normalen Gemeindegliedern, gelegentlich als von den „echten" Laien gesprochen (Grohs/Czell, 8). Es wäre verwunderlich, wenn sich im protestantischen Raum zwischen den einzelnen Gruppen nicht ähnliche Spannungen ergäben wie im katholischen. „Es scheint, als hätten es die Laien sehr schwer, an den Entscheidungen innerhalb der Kirche angemessen beteiligt zu werden. ... So hat sich innerhalb der evangelischen Kirchen auch eine gefährliche Teilung der Gemeindeglieder gemäß ihrer Nähe und Ferne zum kirchlichen Amt entwickelt" (ebd. 9). Es fehlt denn auch nicht an (evang.) Monographien und Sammelwerken, die sich mit dem „Amt des Laien in Kirche und Theologie" beschäftigen (wie Grohs/Czell, Schröer/Müller).

[4] „Mit der „Christianisierung" dieser Strukturen (sc. des römischen Staates), einsetzend unter Konstantin, ergab sich freilich die Gefahr, mehr auf das System zu setzen, um so den Menschen zu gewinnen" (Stockmeier 1987, 72).

12

trat immer mehr in den Hintergrund, das Trennende wurde immer mehr betont."[5]

Die *Reformation* verschärfte diese Tendenz. Sie verwarf die Hierarchie und das Amtspriestertum und forderte dadurch die alte Kirche heraus, darauf umso stärker zu beharren. Das führte in der nachtridentinischen Theologie zu einer Gleichsetzung von Kirche und Hierarchie, die Ekklesiologie wurde zur „Hierarchiologie".[6] Unter „Kirche" wurden nun Papst, Bischöfe und Priester verstanden, oder ein kuriales „Lehramt", kurz das, was wir heute gerne die „Amtskirche" nennen. Diese Vorstellung hat sich bis in unsere Zeit gehalten. Sie spiegelt sich auch in geläufigen Kirchenliedern, wie „Fest soll mein Taufbund immer stehen, ich will die Kirche hören".

1
Mühsame Anfänge

Ein grundsätzliches Umdenken wird in der Amtskirche erst im 20. Jahrhundert wahrnehmbar.[7] Es ist mit Pius XI. (Papst

---

[5] Sustar, 524

[6] Sustar, 525

[7] Das schließt nicht aus, daß es schon früher erfolgreiche Bestrebungen hin zur Laienemanzipation gab. Vauchez spricht von einem „Erwachen der Laien", das sich in der Zeit vom 11. bis zu 13. Jh. vollzog (S. 72), und er faßt zusammen: „Im 12. und 13. Jahrhundert wurde der Laienstand ... unbestreitbar rehabilitiert. Viele Hindernisse, die bis dahin den Laien den Zugang zu einem authentischen religiösen Leben versperrt oder verwehrt hatten, fielen dem beharrlichen Streben einzelner oder von Gruppen zum Opfer. Als erstes war davon der Soldatenstand betroffen, der zuerst verdammt, dann von der Kirche im Rahmen des Kreuzzuges geheiligt wurde; des weiteren erfuhr die handwerkliche Arbeit eine Neubewertung: Mehr und mehr wurde ihr asketischer Wert und vor allem ihre soziale Notwendigkeit von seiten des Klerus positiv eingeschätzt, ob es sich dabei um die Arbeit der Bauern, der Künstler oder der Händler handelte. Für all diese Männer und Frauen eröffnete sich damals die Möglichkeit, das Heil zu erlangen, ob durch die Praxis der Nächstenliebe mit Hilfe von Werken der Barmherzigkeit, ob durch die Bußerspiritualität und die damit verbundene Demut, As-

1922–1939) und seiner Verkündigung und Propagierung der „Katholischen Aktion" verknüpft. Zwar waren schon in der 2. Hälfte des 19. Jahrhunderts, zunächst in Italien, Organisationen und Vereine entstanden, deren erklärtes Ziel die Verteidigung der Rechte der Kirche war.[8] 1890 wurde der „Volksverein für das katholische Deutschland" gegründet[9], nach seinem Vorbild 1904 der „Schweizerische Katholische Volksverein" (SKVV) mit Sitz in Luzern.[10] Alle derartigen Vereinigungen verstanden sich mehr als *Verteidiger* der Kleruskirche denn als Anwälte der Laien. So schreibt der Historiker KARL OTMAR VON ARETIN zu der von PIUS XI. ins Leben gerufenen „Katholischen Aktion": „Diese Organisation sollte die Laien aktivieren, sie hat jedoch mehr zur Ausgestaltung des päpstlichen Absolutismus als zur Verselbständigung der Laien beigetragen."[11]

Die „Katholische Aktion" war das Lieblingskind PIUS XI. Er

---

kese und Armut. Es war dies die Epoche, in der die Kanonisten erstmals die Existenz eines neuen Tpys von Christen zu akzeptieren begannen: die des ‚religiösen Laien' (*laicus religiosus*), der sich weder in der Welt verlor noch in totaler Abgeschiedenheit fand, sondern sein berufliches und familiäres Umfeld mit den Forderungen des Evangeliums in Einklang zu bringen suchte. Selbst die Sexualität, die bis dahin für Verheiratete und insbesondere für die Frauen ein grundlegendes Hindernis war und ihnen die Erlangung der Heiligkeit verwehrte, scheint im 13. Jahrhundert ... an Bedeutung zu verlieren" (247).
In diesem Zusammenhang gehört auch die frauen-emanzipatorische Bewegung der *Beginen* (13./14. Jh.), die eine eigene religiöse Sozialform unabhängig von den vorgegebenen klösterlichen Bindungen entwickelten und eben wegen ihrer Eigenständigkeit und Unabhängigkeit das Mißtrauen und den Argwohn der Klerikerkirche erregten.
[8] Algermissen, 903 f.
[9] LThK¹ X, 681 f.
[10] Vgl. J. Meier, Der Schweizerische Katholische Volksverein in seinem Werden und Wirken, Luzern 1954 (mit Einbezug der Vorgeschichte im 19. Jahrhundert).
[11] Papsttum und moderne Welt, München 1970, 187; zustimmend A. Stoecklin, Schweizer Katholizismus, Zürich 1978, mit Belegen, wonach die vordringliche Aufgabe der Kath. Aktion in der Schulung des *politischen* Gewissens gesehen wurde. Ein mit von Aretin fast gleichlautendes Urteil über die Kath. Aktion Pius' XI. läßt H. Kühner (Das Imperium der Päpste, Zürich 1977, 379) den Münchener Kirchenhistoriker G. Schwaiger fällen (ohne Angabe).

14

definierte sie als „Mitarbeit und Teilhabe der Laien am *hierarchischen Apostolat* der Kirche"[12]. Mit anderen Worten: Das Apostolat der Kirche, die tätige Bezeugung der Verkündigung Jesu, soll nicht ausschließlich Sache der Hierarchie sein und bleiben. Auch die Laien sollen dazu ihren Beitrag leisten. Sie erscheinen damit als Helfer im Dienste der Hierarchie. Sie sollen „auf Wink" der Hierarchie zur Stelle sein („*ut ad nutum hierarchiae ecclesiasticae praesto sint*"[13]). Ihre Art und Weise, sich zu organisieren, bedarf der Zustimmung der Hierarchie. „Hierarchie", „Heilige Ordnung", bleibt der Schlüsselbegriff auch im Zeitalter der „Katholischen Aktion".

Einer der besten Kenner von damals faßt die Konsequenzen für Deutschland so zusammen: „In Deutschland dürften ihre besonderen Aufgaben darin liegen, daß unser in der Katholischen Bewegung der letzten Jahrzehnte reich ausgewachsenes Vereinsleben durch Vereinheitlichung, stärkere Eingliederung in die Hierarchie und straffere Zentralleitung zu einem gemeinsamen sozialen Apostolat hingelenkt wird."[14] Demnach wäre die Veränderung, die die „Katholische Aktion" gegenüber früheren Aktivitäten der Laien gebracht hat, vornehmlich in ihrer stärkeren Anbindung an die Hierarchie zu sehen.[15]

---

[12] Verscheure, 74.

[13] Algermissen, 907.

[14] Algermissen, ebd. – Zur Rezeption der Kath. Aktion in den Diözesen Deutschlands in den Jahren 1928–1938 s. die gründliche Untersuchung von Angelika Steinmaus-Pollak. Sie definiert die Kath. Aktion in Deutschland für das genannte Jahrzehnt als „die Form des organisierten Laienapostolats, die von der zuständigen kirchlichen Autorität mehr oder weniger ausdrücklich als solche eingesetzt bzw. beauftragt wurde" (447).

[15] Ob in dieser Instrumentalisierung der Laien nicht die Zielsetzungen offen zu Tage liegen, die sich ähnlich in den ideologischen Programmen der sich zur gleichen Zeit ausbreitenden faschistischen Systeme wiederfinden: Gleichschaltung an Stelle von Meinungsfreiheit, hierarchischer Dirigismus und Zentralismus statt demokratische Mitbestimmung und Gewaltenteilung?
Die Anbindung der Laien an die Hierarchie schloß freilich nicht aus, daß es in der Praxis zu harten Auseinandersetzungen zwischen Laienverbänden und der Hierarchie kam. In der Schweiz zum Beispiel löste die Forderung der kirchlichen Frauenvereinigung auf politische Gleichberechtigung beim

Mit Pius XII. (Papst 1939–1958) sollte die „Katholische Aktion", wie Pius XI. sie verstanden hatte, die dringend gebotene Korrektur erfahren, aber zugleich auch ihr Ende finden.[16]

Pius XII. distanzierte sich vom Begriff „hierarchisches Apostolat". Vielmehr erkärte er, das gemeinte Apostolat bleibe immer *Apostolat der Laien* und werde nicht einmal dann „hierarchisches Apostolat", wenn es im Auftrag der Hierarchie ausgeübt werde.[17] Damit widersprach Pius XII. seinem Vorgänger in aller Klarheit. Pius XII. ist somit der erste, der im Laien die Kirche verkörpert sieht. Auf eine kurze Formel gebracht: *Gehören* für Pius XI. die Laien wesentlich *zur* Kirche, so *sind* sie für Pius XII. *die Kirche.* 1946 führte er aus: „Die Gläubigen und besonders die Laien stehen in der vordersten Linie des kirchlichen Lebens. Für sie ist die Kirche das Lebensprinzip der menschlichen Gesellschaft. Darum sollen sie, gerade sie, immer klarer das Bewußtsein haben: Wir gehören nicht nur zur Kirche, wir sind die Kirche."[18] Offensichtlich artikuliert sich in diesem Widerspruch eines Papstes zu seinem Vorgänger ein echtes Krisensymptom im alten Paradigma von Kirche. Bezeichnenderweise ist, wie wir sehen werden, das 2. Vatikanum hinter diese Sicht wieder zurückgefallen.

Dazwischen aber, 1953, legte der französische Dominikaner Yves Congar den ersten breitangelegten Versuch einer Theologie des Laientums vor (683 Seiten).[19]

Episkopat keine einhellige Begeisterung aus (vgl. zum Thema U. Altermatt, Katholizismus und Moderne, Zürich 1989, 209–216).

[16] Ein „Nachleben" wurde ihr freilich durch das 2. Vatikanum beschieden, das nochmals auf den Begriff „Katholische Aktion" zurückkam (s.u.).

[17] Verscheure, 75.

[18] Zit. nach E. Klinger, in: Klinger/Zerfass, 73 (vgl. AAS 38 [1946], 143 f., 149). Klinger (ebd., 74) verweist auch auf das Schlußdokument der Versammlung des lateinamerikanischen Episkopats in *Puebla* (1979): „Die jungen Menschen müssen fühlen, daß sie die Kirche sind, indem sie die Kirche als Stätte der Gemeinschaft und der Mitwirkung erfahren." Vgl. auch HK 33 [1979], 524.

[19] Yves Congar, geb. 1904, 1926 Dominikaner, 1954 Entzug der Lehrbefugnis, 1965 Berater des Zweiten Vatikanischen Konzils, 1994 Kardinal, gest. 1995.

Einerseits bereitet CONGAR der Lehre des 2. Vatikanums von der Kirche als Volk Gottes den Weg. Andererseits ist für ihn im Gefolge von PIUS XII. (Rundschreiben *Mystici Corporis Christi*, 1943) die Vorstellung von der Kirche als mystischer Leib Christi bestimmend. Das allerdings führt CONGAR überraschenderweise und der paulinischen Metapher im Kontext von 1 Kor 12 zuwiderlaufend zu einer morphologischen Zweiteilung der Kirche in Hierarchie und Laien. Nur die hierarchischen Funktionen gewährleisten der Kirche ihre Struktur als Institution des Heils, und in diesem Sinn ist die Hierarchie allein für die Existenz der Kirche wesentlich.

Damit die Kirche jedoch ihre Sendung in der Welt erfüllen kann, bedarf sie der Laien. Sie gehören integral zum Leib Christi, der nur in seiner Ganzheit sein Leben voll entfalten kann, vor allem auch deshalb, weil die Laien zu Bereichen der Welt Zugang haben, die der Hierarchie verschlossen bleiben. „Die Laien sind das Pleroma der Hierarchie", sagt CONGAR.[20] Grundsätzlich freilich könnte sich auch CONGAR die Kirche eher ohne Laien als ohne Hierarchie vorstellen. Hierin war CONGAR ein Kind seiner Zeit. Wer diese selbst erlebt hat, wird gerne einräumen, daß er sich hierarchischer gab, als er sich selbst verstand.

So soll man sich nicht wundern, wenn sich auch das Konzil zu dieser Thematik enttäuschend äußert.

2

Das Zweite Vatikanum

Die Rede von der Entdeckung des Laien im 20. Jahrhundert beruft sich vor allem auf das 2. Vatikanische Konzil. Dieses gilt nachgerade als die „Magna Charta" des Laien. Bei näherem Zusehen jedoch stehen wir vor einer namenlosen Enttäuschung. Die Aussagen über die Laien haben sich vor allem in drei Konzilsdokumenten niedergeschlagen: Dem Dekret über das Laienaposto-

---

[20] Ebd., 642.

lat *Apostolicam Actuositatem*, dem Dekret über die Missionstätigkeit der Kirche *Ad Gentes* und der Dogmatischen Konstitution über die Kirche *Lumen Gentium*. Wenigstens zwei von ihnen sollen hier etwas eingehender zu Wort kommen.

Das vom Konzil am 18. November 1965 verabschiedete *Dekret über das Apostolat der Laien* ist keine Grundsatzerklärung über die Stellung der Laien in der Kirche. Vielmehr will das wortreiche, eher einem bischöflichen Fastenhirtenbrief als einer kirchenuniversalen Erklärung gleichende Dokument, wie schon sein Name andeutet, den Laien ihre Aufgabe im Apostolat der Kirche zuweisen. Als Apostolat wird – in mühseliger Formulierung – jede Tätigkeit des mystischen Leibes verstanden, die dem Ziele dient, die ganze Welt auf Christus hinzuordnen (Art. 2). Welche Rolle dabei dem Laien zukommt, ergibt sich daraus, was der Laie in der Kirche ist, darf und kann.

Zwar gehört der Laie einer doppelten Ordnung an: der *geistlichen* und der *weltlichen* (Art. 5). Dennoch sieht das Konzil seine Aufgabe vornehmlich darin, die Sache Jesu in der *Welt* zu vertreten. Er wird damit zum Bindeglied zwischen der hierarchischen Kirche, die keinen Zugang zur Welt hat, und dem täglichen Leben. Den Hirten obliegt es, die *Prinzipien* über den Sinn des Lebens aufzustellen und die Richtlinien für das Leben zu entwikkeln und zu verkünden, den Laien jedoch das Handeln in der Welt, dies aber „im Geist der Kirche" (Art. 6 f). Solche und ähnliche Formulierungen lassen wiederholt durchblicken, daß die Laien zwar zur Kirche *gehören*, aber nur bedingt Kirche *sind*. Sie haben „ihren aktiven Anteil am Leben und Tun der Kirche", ohne ihr Tun könnte „auch das Apostolat der Hirten meist nicht zu seiner vollen Wirkung kommen". Sie arbeiten, vor allem durch die Katechese, auch *mit* an der „Weitergabe des Wortes Gottes", aber sie sind nicht eigenständig (Art. 10).

Überraschend bringt das Konzil den in seiner Definition schwammigen Begriff „Katholische Aktion" zu neuen Ehren. Es nennt unter den „Einrichtungen", in denen sich „seit einigen Jahrzehnten Laien ... zu verschiedenen Formen von Aktionen und Vereinigungen zusammengeschlossen", „vor allem" die Katholische Aktion, welche als „Mitarbeit der Laien am hierarchischen Apostolat" (*cooperatio laicorum in apostolatu hierarchico*) beschrieben wird (Art. 20). In seinem Kommentar bemerkt F. KLOSTERMANN dazu: „Die Laien werden hier noch zu sehr als bloße Ausführungsorgane, als ,verlängerter Arm der Hierarchie' gesehen. ... Die echte Mitverantwortlichkeit des Laien in der Kirche wird mit dieser Definition nicht genügend erfaßt."[21] Das – durch Interventionen erzwungene – Bestreben des Dokuments, die Laien der Hierarchie gebührend unterzuordnen, wird mehrfach sichtbar. Die Laien haben zwar das Recht, Vereinigungen zu gründen und zu leiten, jedoch nur „unter Wahrung der Verbundenheit mit der kirchlichen Autorität" (Art. 20). Kein von Laien ins Leben gerufenes apostolisches Werk „darf sich ohne Zustimmung der rechtmäßigen kirchlichen Autorität ,katholisch' nennen" (Art. 24). Das heißt: Wer und was sich katholisch nennen darf, entscheiden die Bischöfe. Somit könnte sich etwa eine Gruppe von Arbeitern nicht zu einem „katholischen Arbeiterwerk" zusammentun, ohne diesen Namen von den Bischöfen absegnen zu lassen, mag auch noch so sehr „an der notwendigen Möglichkeit der Laien, in eigener Verantwortung zu handeln", festgehalten werden (Art. 24).

Fazit: Die Laien sind ein unentbehrliches Instrument im apostolischen Wirken der Kirche, sie sind jedoch den dafür zuständigen hierarchischen Amtsträgern unterworfen.

Als das klassische Dokument des Konzils über die Laien und ihr Verhältnis zur Hierarchie gilt indes die Dogmatische Konstitution *Lumen gentium*. Die herausragenden Äußerungen der Konstitution finden sich im 2. Kapitel „Das Volk Gottes" (*De populo Dei*). Danach hat Jesus einen neuen Bund gestiftet und damit „aus Juden und Heiden ein Volk berufen, das nicht dem Fleisch nach ... das neue Volk Gottes bilden sollte" (Art. 9). Damit ist die Kirche – im Sinne der Sicht CONGARS – als Volk Gottes definiert und wird grundsätzlich allen Ständeunterschieden eine Absage erteilt.[22] „Nicht nur wurden jetzt auch die Amtsträger, Papst, Bi-

---

[21] LThK, Konzilsband 2, 659.
[22] Die Kommentare weisen auf den Bedeutungswandel des Symbols „Volk Gottes" hin, der sich im Verlauf der Debatten im Konzil vollzog. „Während

19

schöfe und Kleriker, zum ‚Volk Gottes' gezählt, sondern als Volk Gottes erhielten jetzt alle Glieder der Kirche, vorgängig und ungeachtet aller weiteren und späteren Ausdifferenzierungen, eine gemeinsame Würde und einen gemeinsamen Subjektstatus. ... Weder kommen die Glieder des ‚Volkes Gottes' von außen zu den Amtsträgern hinzu, noch stehen den Laien als ‚Volk Gottes' die Amtsträger wie auf einem anderen Podest gegenüber, sondern: Vorgängig zu allen Ausdifferenzierungen und diese ‚aufhebend' bilden sie zusammen (und *nur* zusammen) das ‚Volk Gottes'."[23]

Dieses neue Volk Gottes ist näherhin geweiht zu einem heiligen Priestertum, das sich indes vom hierarchischen Priestertum *dem Wesen nach* unterscheidet (Art. 10).[24] Denn „jedem Jünger Christi obliegt die Pflicht, nach seinem Teil den Glauben auszusäen". Deshalb ist auch jeder befähigt, die Taufe zu spenden. Dem Priester bleibt es freilich vorbehalten, durch die Darbringung des eucharistischen Opfers die Auferbauung des Leibes Christi zu vollenden (Art. 17).

Und damit ist die Überleitung zum 3. Kapitel über die *hierarchische Verfassung der Kirche* hergestellt (Art. 18–29). Ein größerer Kontrast als der zwischen Kapitel II der Konstitution einerseits und Kapitel III/IV andererseits läßt sich freilich schwer ausdenken. Was dort mit der einen Hand gegeben wurde, wird hier mit der anderen wieder genommen. DIETRICH WIEDERKEHR

---

es zuerst, *nach* bereits erfolgter Behandlung des kirchlichen Amtes, den einzelnen weiteren Gruppierungen der nichtamtlichen Glieder der Kirche als Sammelbegriff hätte vorangestellt werden sollen, wurde es schließlich zusammen mit dem biblischen Symbol der ‚Kirche als Geheimnis' *allen* folgenden Ausdifferenzierungen in Amtsträger, Ordensleute, Laien usw. *vorangestellt"* (Wiederkehr: Volk Gottes, 113).

[23] Wiederkehr: Volk Gottes, 113f.

[24] Damit hat das Konzil einen Ist-Zustand zementiert. Auch wer sich damals im Umkreis des Konzils für das allgemeine Priestertum der Gläubigen einsetzte, dachte nicht im entferntesten daran, die herkömmliche Zweiteilung der priesterlichen Würde in Frage zu stellen, vgl. z.B. E. J. de Smedt (Bischof von Brügge), Vom allgemeinen Priestertum der Gläubigen, München 1962. – Daß die Unterscheidung zwischen amtlichem und allgemeinem Priestertum hier schon aufgegriffen wird, befremdet und dürfte mit dem spannungsgeladenen Werdegang der Konstitution zusammenhängen (s.o. Anm. 22).

spricht von einer „weitgehenden Verhältnislosigkeit zwischen dem fundamentalen 2. Kapitel vom ‚Volk Gottes' und dem unberührt und unvermittelt anschließenden 3. Kapitel über die Hierarchie, den päpstlichen Primat und das Bischofskollegium".[25] Dieses 3. Kapitel nimmt überdies einen erheblich breiteren Raum ein als das nachfolgende Kapitel über die Laien. Zunächst werden die göttlichen Prärogative (Vorrechte/Auszeichnungen), die das 1. Vatikanische Konzil dem *Bischof von Rom* zugesprochen hatte, Allmacht und Unfehlbarkeit, bekräftigt (Art. 18, vgl. Art. 22; 25). Die übrigen *Bischöfe* sollen nach dem Willen Jesu als Nachfolger der Apostel „bis zur Vollendung der Weltzeit" als Hirten walten (Art. 18). Das Amt der Bischöfe beruht somit auf göttlicher Einsetzung. Zugleich wird das an die Jünger gerichtete Jesuswort „Wer euch hört, hört mich" (Lk 10,16) auf die Bischöfe eingeschränkt (Art. 20). In ihnen ist Jesus Christus, der Hohepriester, unter den Gläubigen gegenwärtig. Durch ihre Weisheit und Umsicht lenkt er das Gottesvolk des Neuen Bundes zur ewigen Seligkeit. Sie haben die Fülle des Weihesakramentes und damit das Hohepriestertum inne (Art. 21, vgl. 26).

Nach den langatmigen und schwerfälligen Ausführungen über die Bischöfe widmet die Konstitution den Priestern und Diakonen ein relativ kurzes Wort. Die *Priester* haben zwar nicht die höchste Stufe der priesterlichen Weihe. Dennoch sind sie mit den Bischöfen in der priesterlichen Würde verbunden. Vornehmlich üben sie ihr Amt in der eucharistischen Feier aus (Art. 28).

Die *Diakone* schließlich stehen in der Hierarchie noch eine Stufe tiefer. Sie haben die Handauflegung „nicht zum Priestertum, sondern zur Dienstleistung empfangen" (Art. 29).

Im 4. Kapitel schließlich wendet sich das Konzil „dem Stand jener Christgläubigen zu, die man *Laien* nennt". Diese werden demnach als eigener Stand („status") gesehen, wie immer das

---

[25] Wiederkehr: Sensus, 182. – Zu den Folgerungen, die sich aus dem Begriff „Volk Gottes" für die Strukturen und Institutionen der Kirche ergeben *müßten*, sich aber wegen der verfestigten Lehrfixierungen und Ordnungsstrukturen nicht ergeben *konnten*, s. ferner: Wiederkehr, Ekklesiologie: „Mit den weichen Bildern vom Volk Gottes ist das harte Monopol des Klerus nicht mehr auszubrechen" (257).

Wort zu verstehen sein mag. Sie bilden ... zusammen mit den Ordensleuten und Klerikern das Volk Gottes. Da die „geweihten Hirten" nicht imstande sind, „die ganze Heilsmission der Kirche an der Welt allein auf sich zu nehmen", bedürfen sie der einmütigen Zusammenarbeit mit den Laien (Art. 30). Diese erscheinen somit als Gehilfen der Hierarchie. Sie zeichnen sich vor den Klerikern durch ihren „Weltcharakter" aus. Denn obwohl auch die „Glieder des geweihten Standes" mit weltlichen Dingen zu tun haben, ja einen weltlichen Beruf ausüben können, ist es doch Sache der Laien, „in der Verwaltung und gottgemäßen Regelung der zeitlichen Dinge das Reich Gottes zu suchen" (Art. 31). Zwar hat „der Herr" (!) zwischen den geweihten Amtsträgern und dem „übrigen Gottesvolk" einen Unterschied gesetzt; dennoch sind beide „in enger Beziehung miteinander verbunden" (Art. 32). Und obwohl den Laien in der Kirche schon kraft Taufe und Firmung ein Apostolat obliegt, können sie noch zu besonderer „Mitarbeit mit dem Apostolat der Hierarchie berufen werden" (Art. 33).

Da nämlich der ewige Hohepriester Christus Jesus „auch" durch die Laien seinen Dienst fortsetzen will, gibt er „auch" ihnen Anteil an seinem *Priesteramt* (Art. 34). Ebenso übt er „*sein prophetisches Amt* nicht nur durch die Hierarchie, ... sondern „*auch* durch die Laien" aus. Bei „Mangel an geweihten Amtsträgern oder bei deren Verhinderung unter einem Verfolgungsregime" können Laien sogar „gewisse heilige Aufgaben stellvertretend erfüllen" (Art. 35).

Durch ihre Zuständigkeit in den profanen Bereichen kommt den Laien bei der Heiligung der Welt ein besonderer Platz zu. Ihre Rechte und Pflichten in Kirche und Gesellschaft sollen sie harmonisch miteinander verbinden (Art. 36). Die Laien haben vor allem das Recht, von den geweihten Hirten die Hilfe des Wortes Gottes und der Sakramente in reichem Maße zu empfangen. Andererseits sollen sie, was die geweihten Hirten als Stellvertreter Christi festsetzen, willfährig umfangen (*amplectantur*). Diese sollen sich des Rates der Laien bedienen, ihnen Handlungsfreiheit einräumen und ihre Eingaben und Wünsche aufmerksam erwägen (Art. 37).

Dieses Dokument hat eine vielfältige und weithin positive Auslegung gefunden. Es hat vor allem die zur *opinio communis* gewordene Auffassung begründet, das Konzil habe eine ganz neue Sicht des Laien gewonnen, es habe die Aera des Laien eingeläutet. [26] Nun stünden sich nicht mehr Klerus und Laien als Über- und Untergeordnete gegenüber, die Hierarchie als Kirche und die Laien als Volk. Vielmehr bildeten beide zusammen das Volk Gottes. „Die Hierarchie ist Volk, und die Laien sind auch Kirche." [27] Dabei wird auf die schon erwähnte Äußerung PIUS XII. von 1946 verwiesen, wonach für die Laien gelte: „Wir gehören nicht nur zur Kirche, wir sind die Kirche." [28] Aber gerade das hat das Konzil *nicht* gesagt. Zwar hat es, unter der geläufigen Berufung auf 1 Petr 2, 4–10, das „allgemeine Priestertum" aller Gläubigen herausgestellt. [29] Es hat auch klar gemacht, daß das Amt der Laien nicht Teilnahme am hierarchischen Amt des Klerus ist, sondern am priesterlichen, prophetischen und königlichen Amt Christi. Das ändert jedoch nichts daran, daß für das Konzil das Amtspriestertum und das allgemeine Priestertum *wesensverschieden* sind. Und damit hat das Konzil die fatale Zweiständestruktur der Kirche neu zementiert. Die vom Konzil behauptete *Gleichheit* aller Glieder der Kirche bezieht sich nur auf die „allen Gläubigen gemeinsame Würde" (Art. 32). Diese ist kaum geeignet, „die in Jahrhunderten gewachsene Kluft zwischen ,Priestern' und ,Laien' zu schließen" [30].

Was in den Konzilsdokumenten vor allem vermißt wird, ist eine klare *Definition* des Laien. Nach dem Missionsdekret *Ad Gentes* sind die Laien „die Christgläubigen, die Christus durch die Taufe eingegliedert sind und in der Welt leben" (Art. 15). Da jedoch logischerweise alle Gläubigen, Kleriker und Laien, „Christus eingegliedert" sind, ist das Besondere der Laien offensichtlich ihr *Leben in der Welt*. Im Dekret über das Apostolat der

---

[26] „Das Konzil hat die Stellung des Laien in der Kirche umfassend bestimmt" (Klinger, 15). „Zweifellos hat im Blick auf die Identität und Stellung des Laien in der Kirche das Zweite Vatikanische Konzil eine grundlegende Wende gebracht" (Koch, 11).

[27] Klinger, 71.

[28] Klinger, 73.

[29] Zur Fragwürdigkeit der Rede vom „allgemeinen Priestertum" s. den Exkurs S. 71–74.

[30] Rajšp, 100.

Laien wird dieser Aspekt etwas breiter ausgeführt. Danach ist es „dem Stand der Laien eigen, inmitten der Welt und der weltlichen Aufgaben zu leben". Deshalb „sind sie von Gott berufen, vom Geist Christi beseelt nach Art des Sauerteigs ihr Apostolat in der Welt auszuüben" (Art. 2). Diesem Dekret diente die Kirchenkonstitution *Lumen Gentium* als Vorlage.

Der vom Konzil betonte *Weltcharakter (indoles saecularis)* des Laien ist vielfältig verhandelt worden. Es hat nicht an Stimmen gefehlt, die davor warnten, dem Konzil zu unterstellen, es weise der Hierarchie den Bereich der Kirche, den Laien den Bereich der Welt zu. „Gleichsam durch die Hintertür wurde in der Rezeption des II. Vatikanums die Trennung zwischen Laien und Klerus durch eine überscharfe Scheidung zwischen Kirche und Welt wieder eingeführt, derzufolge der Weltdienst den Laien, der Heilsdienst in der Kirche dagegen dem Klerus zukomme. Damit wurden die Laien dann auf den außerkirchlichen Bereich festgelegt. Das Konzil selbst betonte im Gegensatz zu dieser Tendenz, ... daß Laien in Kirche *und* Welt ihren Platz haben und ihre Rechte einnehmen."[31]

Dennoch: Legen nicht die Konzilstexte selbst die hier abgelehnte Interpretation nahe? Und vor allem: Ist diese Interpretation nicht nach dem Konzil die herrschende *Praxis* geworden? Innerkirchlich schaltet und waltet doch die Hierarchie in eigener Zuständigkeit (Beispiel: Besetzung von Bischofsstühlen), die Laien haben nichts mitzureden, sie sind auf die Welt verwiesen. Aber auch in dieser können sie sich ihrer Freiheit nicht freuen. Sie wird in Ehe, Familie, Gesellschaft und Politik durch die Hierarchie begrenzt und hört dort völlig auf, wo Sexualität mit im Spiel ist.[32]

Um das nach wie vor verbleibende Laiendefizit aufzufüllen, beruft sich das Konzil mehrfach auf die *Teilnahme* des Laien *am*

---

[31] Neuner, 129; vgl. auch Braunbeck, 141.

[32] Karrer, 83f: „Hintergründig ist in den einschlägigen offiziellen Dokumenten ein heimlicher Dualismus, eine Widersprüchlichkeit am Werk, die sich auf die den Laien zugewiesene Rolle auswirken. Offensiv schickt man sie in die Welt (Missio), und defensiv grenzt man sich im innerkirchlichen Raum der geltenden Kirchenordnung (Communio) von ihnen ab. ... Das aber ist im Grunde genommen das alte Muster der patriarchalistischen Trennung von Klerus und Laien."

24

priesterlichen, prophetischen und königlichen Amt Christi als
seine eigentliche Auszeichnung. So finden wir es schon in der
Eingangserklärung von *Lumen Gentium.*
Wenn es dann freilich darum geht, die Teilhabe an diesem dreifachen Amt Christi näher zu beschreiben, wird es problematisch.
Denn durch die Stereotypen kirchlicher Frömmigkeitssprache
hindurch wird die Tendenz zur Spiritualisierung dieser theologischen Begriffe greifbar; in die Praxis gewendet verflüchtigen sich
vollends ihr Sinn und ihre Bedeutung.
Nach der Kirchenkonstitution gibt Jesus den Laien „Anteil an
seinem *Priesteramt* zur Ausübung eines geistlichen Kultes". Sie
können, „mit dem Heiligen Geist gesalbt", durch ihr Gebet, ihr
apostolisches Wirken, ihr Ehe- und Familienleben, ihre tägliche
Arbeit, ihr geduldiges Ertragen der Lasten des Lebens „geistige
Opfer" darbringen. Dafür werden sie selber in der Feier der Eucharistie bei der Darbringung des Herrenleibes Gott dargeboten
(Art. 34). In salbungsvoller Sprache werden hier Selbstverständlichkeiten nicht nur zum geistlichen Attribut erklärt, sondern
auch noch mit einer hypokritischen Leidensmystik verbunden,
die ihre Auswirkungen bis in die Eucharistiefeier hineinträgt.
Ebenso übt Jesus „sein *prophetisches* Amt nicht nur durch die
Hierarchie, ... sondern auch durch die Laien" aus. Sie werden
„gültige Verkünder des Glaubens an die zu erhoffenden Dinge,
wenn sie mit dem Leben aus dem Glauben ohne Zögern das Be-
kenntnis des Glaubens verbinden", das heißt durch Handeln und
Reden das Evangelium verkünden und auf diese Weise „zum
Wachstum des Reiches Christi in der Welt mitarbeiten" (Art. 35).
Es scheint mir fraglich, ob damit das Wesentliche des Prophetischen getroffen ist. An Kritik oder Widerstand gegen das eta-
blierte politische und kultische System, ein Charakteristikum
der israelitischen Prophetie, scheint hier nicht gedacht zu sein.
Auch nicht daran, daß ein Prophet Dolmetscher Gottes (und
nicht ohne weiteres der Kirche) ist. Und welche Einschränkung
in der Wortverkündigung das neue Kirchenrecht den Laien abver-
langt, wird sich nachfolgend zeigen. [33]

---

[33] Für Weis fällt das prophetische Amt der Laien in seiner konkreten Ausübung praktisch mit dem Laienapostolat zusammen.

Würde schließlich zum prophetischen Amt nicht auch, ja besonders gehören, daß die Gläubigen – wie das Konzil selber lehrt (Dokument *Dei verbum*, 8) – zu einem *Fortschritt* im Verständnis der Glaubensüberlieferung beitragen? Von daher wäre der Begriff des kirchlichen Lehramtes ganz neu zu definieren, indem auch die Laien in dessen *Subjekt* einbezogen würden, statt nur sein *Objekt* zu sein. Aber auch hier bleibt die Praxis hinter der Theorie zurück, wie DIETRICH WIEDERKEHR klar diagnostiziert.

„Im Gottesvolk haben bislang zu viele noch nie die Möglichkeit gehabt, sich nur schon an der Wahrheitsfindung zu beteiligen und so die Dignität als Subjekt auch nur auszuüben. Umgekehrt hat sich das Lehramt bislang noch gar nie vor die Herausforderung gestellt gesehen, sein bisheriges Monopol aufbrechen zu lassen und das ganze übrige Gottesvolk an der gemeinsamen Wahrheitsverantwortung mitbeteiligt zuzulassen. ... Es genügt nicht, wenn das bisherige Lehramt wohlwollend das Erwachen des Glaubenssinnes in den Gläubigen und Gemeinden begrüßt und fördert, ohne aber sich selber neu und anders innerhalb dieses Gesamtsubjektes zu verstehen. ... Das Lehramt wohnt so noch immer in einer immunen und nicht hinterfragten Exterritorialität."[34]

Worin besteht schließlich die Teilnahme der Laien am *Königtum* Christi? Nach den Konzilsdokumenten sollen die Jünger Jesu „durch Selbstverleugnung und ein heiliges Leben das Reich der Sünde in sich selbst besiegen ... und ihre Brüder in Demut und Geduld zu dem König hinführen, dem zu dienen herrschen bedeutet" (Art. 36). Das heißt doch nichts anderes, als daß jeder, der Gott (= König) dient, auch an seiner Herrschaft beteiligt ist. Das Konzil freilich scheint bei den königlichen Laien an Mitbestimmung nicht zu denken. Vielmehr ist unübersehbar, daß die Laien in der ganzen Kirchenkonstitution letztlich instrumentalisiert als *Gehilfen der Hierarchie* erscheinen. Sie bleiben Objekt hierarchischer Macht, ohne jemals Subjekt eigenverantwortlichen Handelns als Kirche sein zu können. Wie schon oben gezeigt, zieht das Konzil einen scharfen Trennungsstrich zwischen den „geweihten Hirten" und den Laien, deren allgemeines Prie-

---

[34] Wiederkehr: Sensus, 191 und 198.

stertum sich vom hierarchischen Priestertum dem Wesen nach unterscheidet (Art. 10).

Wie ein roter Faden zieht sich durch die ganze Kirchenkonstitution der Gegensatz zwischen *clerus* und *plebs*, die Abhebung der Laien von den „geweihten Hirten". So fällt auf, wie oft die Konzilsdokumente, wenn von den Laien die Rede ist, das Wort „auch" gebrauchen. *Auch* den Laien soll der Weg offenstehen, am Heilswirken der Kirche in tätigem Eifer *teilzunehmen* (Art. 33). Jesus Christus will *auch* durch die Laien sein Zeugnis und seinen Dienst fortsetzen, deshalb gibt er *auch* ihnen Anteil an seinem Priesteramt (Art. 34). Ebenso übt er *auch* durch die Laien sein prophetisches Amt aus (Art. 35), so wie er „*auch* durch die gläubigen Laien" sein Königreich aufrichten will (Art. 36). Was additiv klingt, ist in Wirklichkeit eine Abgrenzung. Zuerst kommen die Priester, dann auch die Laien. Mögen die Laien das Recht, ja sogar die Pflicht haben, ihre Meinung zu äußern, so sollen sie doch „das, was die geweihten Hirten in Stellvertretung Christi als Lehrer und Leiter in der Kirche festsetzen, in christlichem Gehorsam bereitwillig aufnehmen" (Art. 37).

Vor allem muß überraschen, daß die evangelischen Aussagen über Jüngerschaft und Nachfolge völlig fehlen. Für die Definition des Laien bedurften die Konzilsväter (und ihre Theologen) des Evangeliums nicht. Im ganzen Kapitel der Kirchenkonstitution über die Laien finden sich nur zwei Verweise auf die Evangelien: Mt 20,28: Jesus kam nicht, um sich bedienen zu lassen, sondern zu dienen (Art. 32) und Mt 5,3–9: die Seligpreisung der Armen, Sanftmütigen und Friedfertigen (Art. 38). Hätte sich das Konzil vom Evangelium der Jüngerschaft und Nachfolge leiten lassen, hätte es sich mit den „geweihten Hirten" und den Laien unendlich viel leichter getan.[35] So aber steht dem Konzil ein Dogma vor Augen, das bei einer unhistorischen und unkritischen Denkweise unfrei macht und blind für den Wandel im Kirchenbewußtsein.

---

[35] Als Vorbild hätte etwa dienen können K. H. Schelkle, Jüngerschaft und Apostelamt, Freiburg i. Br. 1957.

3

Das neue Kirchenrecht

Ein Ergebnis des Konzils war die Reform des Kirchenrechts. Sie wurde von Papst JOHANNES XXIII. zugleich mit dem Konzil am 25. Januar 1959 im Kapitelsaal der St. Pauls-Abtei in Rom angekündigt. „Konzil und Reform des Kirchenrechtes sind damit von Anfang an innig miteinander verbunden."[36] Das 1983 veröffentlichte kirchliche Rechtsbuch *Codex Iuris Canonici* (CIC) sollte nach dem Willen des Papstes den Stempel des Konzils tragen. Folgerichtig lehnen sich die Bestimmungen über „Rechte und Pflichten der Laien" (Can. 224–231) eng an das 4. Kapitel der Kirchenkonstitution *Lumen Gentium* an.[37]

Im voraus freilich stellt der neue Codex die Weichen schon in die entscheidende Richtung, wenn er die Existenz von zwei Ständen in der Kirche bekräftigt. Ja, im Widerspruch zur geschichtlichen Evidenz führt er diese auf eine Verfügung Gottes zurück. „Kraft göttlicher Einsetzung (*ex divina institutione*) gibt es in der Kirche unter den Gläubigen geistliche Amtsträger, die im Recht auch Kleriker genannt werden; die übrigen dagegen heißen auch Laien" (Can. 207 § 1). Die Laien sind wiederum die Nicht-Kleriker, der Rest. Es ist deshalb kein Wunder, daß es auch im CIC schwierig ist, eine positive Definition des Laien zu finden.

Im Sinne von Can. 225 ist der Laie jener Christgläubige, der durch das Sakrament der Taufe dem Volk Gottes eingegliedert ist und, vollendet durch das Sakrament der Firmung, am Heilsauftrag der Kirche teilhat. Im besonderen muß er, ähnlich wie in den Konzilstexten, die zeitlichen Dinge im Geist des Evangeliums gestalten.[38] Und auch hier betreffen die besonders erwähnten *Pflichten* der Laien Selbstverständlichkeiten. Leben sie im Ehe-

---

[36] Puza: Laie, 88.
[37] Zum Thema s. Puza: Kirchenrecht, und Puza: Laie; auch Boekholt, Thils.
[38] Vgl. Puza: Laie, 90f. Puza vermerkt, daß in Can. 225 die Teilhabe an der Sendung der Kirche *vor* dem Weltdienst genannt werde. Man fragt sich freilich, wo sonst denn der Laie den Heilsauftrag der Kirche erfüllen soll, wenn nicht in der Welt.

stand, so haben sie die „besondere Pflicht, durch Ehe und Familie am Aufbau des Volkes Gottes mitzuwirken" und „für die christliche Erziehung ihrer Kinder gemäß der von der Kirche überlieferten Lehre zu sorgen" (Can. 226). Rechte und Pflichten werden zwar wechselweise genannt. Jedoch werden die Pflichten selbstverständlich aus den Rechten abgeleitet. So ergibt sich aus dem Grundrecht und der Grundpflicht, an der Heilssendung der Kirche teilzuhaben (Can. 225), auch das Recht der Laien, Theologie zu studieren und „von der rechtmäßigen kirchlichen Autorität" die Lehrbefugnis in Theologie zu erhalten (Can. 229). Im *liturgischen* Bereich bleibt der Vorsitz bei der Eucharistiefeier ein Privileg des Klerus. „Zelebrant, der in der Person Christi das Sakrament der Eucharistie zu vollziehen vermag, ist nur der gültig geweihte Priester" (Can. 900). Männliche Laien können mit dem Dienst des Lektors oder Akolythen auf Dauer beauftragt werden, Frauen lediglich mit dem Lektorenamt, und dies nicht für die liturgische Feier und nur auf Zeit. Zusätzliche Möglichkeiten gelten nur, wenn geweihte Amtsträger oder liturgisch beauftragte Lektoren bzw. Akolythen fehlen.[39]

Am restriktivsten sind die Bestimmungen des neuen Kirchenrechts bezüglich der *Verkündigung* des Wortes Gottes. Wenn auch am absoluten Verbot der Laienpredigt gemäß CIC 1917 nicht festgehalten wurde, so bleibt die Predigt von Laien in einer *Kirche* doch auf Ausnahmefälle beschränkt, innerhalb der *Eucharistiefeier* ist sie gänzlich dem Priester oder Diakon vorbehalten (Can. 766f).[40] Vorstöße der Deutschen Bischofskonferenz in Rom, die Laienhomilie in der Messe zuzulassen, blieben erfolglos.[41] Das zeigt deutlich, welche Grenzen der unermüdlich beschworenen Teilnahme der Laien am prophetischen Amt Christi gesetzt sind.[42]

---

[39] Puza: Laie, 95 f.
[40] Puza: Laie, 96.
[41] Loretan, 120–125.
[42] Ergebnis Errázuriz: Die Gläubigen haben sowohl das Recht als auch die Pflicht, das Wort Gottes zu empfangen, es in Unterwerfung unter das Lehramt zu bewahren und zu vertiefen. Die *Verkündigung* des Wortes Gottes je-

Ähnliches gilt vom *Leitungsamt*. Es fällt in die Zuständigkeit des Klerus: „Zur Übernahme von Leitungsgewalt … sind … diejenigen befähigt, die die heilige Weihe empfangen haben", wenn auch Laien „bei der Ausübung dieser Gewalt mitwirken" können (*cooperari possunt*: Can. 129; vgl. Can. 228).[43] Worin diese Mitwirkung besteht, wird nicht gesagt.[44] Die Autoren betonen indes, daß für die Rechte und Pflichten der Laien nach dem CIC nicht nur jene Bestimmungen zu berücksichtigen sind, die ausschließlich die Laien betreffen, sondern auch jene, die von allen Christgläubigen handeln, zu denen ja schließlich Kleriker und Laien gehören. Nach dem Kirchenrechtler RICHARD PUZA[45] sind es insgesamt 18 Rechte, die allen Gläubigen zukommen. Dazu gehört „das Recht auf öffentliche Meinung. Christen sind frei, ihre Meinung in Angelegenheiten, die die Kirche betreffen, nicht nur den kirchlichen Autoritäten, sondern auch anderen Mitgliedern der Kirche gegenüber zu äußern. Der Kodex eröffnet damit einen respektablen Raum für die Entwicklung der öffentlichen Meinung in der Kirche."

Dennoch: Wer den neuen CIC (1983) auf das Thema *Laien* hin überprüft, wird von der Vorstellung Abstand nehmen, mit dem 20. Jahrhundert sei das Zeitalter der Laien eingeläutet worden, selbst wenn der Buchstabe in einzelnen Ländern für gewisse Bereiche (z. B. weibliches Lektorat, Laienpredigt) durch die Praxis · überholt wurde. Statt das Konzil weiterzuführen, fällt der CIC

---

doch steht ihnen nicht aufgrund ihres Standes zu, sondern nur in ihrer Eigenschaft als Mitarbeiter der hierarchischen Amtsträger.

[43] Nach Werner Böckenförde „dominiert im derzeitigen Kirchenrecht das alte Verständnis von der Kirche als einer *societas inaequalis*" (einer ungleichen Gesellschaft). Er unterstreicht dieses Urteil mit einem Zitat aus der Ansprache, die Papst Paul VI. gegen Ende des Konzils (1965) an die von ihm gebildete Kommission zur Reform des Kirchenrechtes hielt: „Den Laien fehle die Fähigkeit zur Leitung. Sie seien der Hierarchie unterstellt und im Gewissen verpflichtet, den Gesetzen zu gehorchen gemäß dem Wort: ‚Wer euch hört, hört mich, und wer euch verachtet, verachtet mich' (Lk 10,16). Gemäß dieser päpstlichen Äußerung ist das neue Gesetzbuch erarbeitet worden" (Statement aus der Sicht eines Kirchenrechtlers, in: Wiederkehr: Glaubenssinn, 207–213, 208).

[44] Puza: Kirchenrecht, 134, denkt etwa an kirchliche Richter.

[45] Puza: Laie, 94.

bereits nach 20 Jahren hinter dessen Maßgaben zurück.[46] Für das neue Kirchenrecht ist und bleibt die katholische Kirche eine *Kleruskirche*.[47]

4
Die Bischofssynode von 1987

Das Thema der 7. ordentlichen Bischofssynode, die vom 1. bis 30. Oktober 1987 in Rom tagte, lautete „Berufung und Sendung der Laien in Kirche und Welt zwanzig Jahre nach dem II. Vatikanischen Konzil". Es ist die letzte feierliche Manifestation der gesamten Amtskirche zur Rolle, die die Laien in der Kirche spielen. Die Formulierung läßt erkennen, daß eine Bilanz darüber gezogen werden sollte, welche Auswirkungen die Konzilsbeschlüsse gezeitigt haben. Papst JOHANNES PAUL II. schreibt dazu in seinem nachsynodalen Dokument *Christifideles laici* (s.u.): „Die Väter gingen den Spuren des Konzils nach." Die Herausforderung, der sie sich stellten, „bestand im Grunde darin, konkrete Wege zu finden, damit die vielversprechende ‚Theorie' über die Laien, die das Konzil zum Ausdruck gebracht hat, zur echten kirchlichen Praxis wird".[48]

Demnach bestand ursprünglich Grund zur Hoffnung, die Bischofssynode werde das Defizit der Konzilsaussagen über die Laien durch weitergehende Perspektiven wettmachen. Aber bereits die „Lineamenta" aus dem Jahr 1985, das umrißhafte Vordokument zur Synode, ließen befürchten, daß diese Hoffnung enttäuscht werden würde.[49] Von 142 Adressaten, denen die

---

[46] Puza: Kirchenrecht, 134,161 f.

[47] Wenn Boekholt dem neuen Kirchenrecht nachrühmt, es räume endlich auf mit der unheilvollen Ansicht, es gebe in der Kirche zwei sich gegenseitig ausschließende Gruppen, Kleriker und Laien (9), so kann dazu nur gesagt werden: leider nicht.

[48] Zu allen Einzelheiten der Synode: Synode des Evêques. Les Laïcs dans l'Eglise et dans le monde (Paris 1987).

[49] „Die ‚Lineamenta' sind jedenfalls kein überzeugender Auftakt zur Synode über die Laien: Es fehlt dem Text durchweg an Wirklichkeitsnähe" (U. Ruh, HK 39 [1985], 157).

Lineamenta unterbreitet wurden, antworteten 80 mit Stellungnahmen, deren Auswertung 1987 in einem „Instrumentum laboris" ihren Niederschlag fand, das aber seinerseits zu ernsthaften Bedenken Anlaß gab.[50] Auch wenn dann zur Bischofssynode selbst rund sechzig Laien als „Hörer und Hörerinnen" (auditores und auditrices) geladen wurden[51], so war es doch eine ausgesprochene Bischofssynode, in der sich die Bischöfe zu Leben und Sendung der Laien äußern sollten.

Mit anderen Worten: Wozu die Laien da sind, welches ihre Aufgabe in Kirche und Welt ist, darüber verhandelt und das bestimmt die Hierarchie. Die beiden Stände, Klerus und Laien, werden nicht hinterfragt, sie ergänzen sich gegenseitig.[52] In der Person des Bischofs aber nehme die Kirche in bevorzugter Weise Gestalt an, erklärte der Papst in seiner Eröffnungsansprache am 1. Oktober.

Zum Thema Frau wurden „unerwartete Vorstöße ... nicht unternommen. Die Möglichkeit der Ordination von Frauen stand nicht zur Debatte, für das Diakonat der Frau plädierten nur einige Wenige".[53] Die Synode endete, zum Bedauern der kirchlichen Öffentlichkeit, ohne Schlußdokument.[54] Es wurden lediglich 54 „Propositiones" formuliert, Vorschläge für den Papst als Material für ein von ihm erbetenes nachsynodales Apostolisches Schrei-

---

[50] Nach U. Ruh (HK 41 [1987], 258) „klammert der Text ... gerade die entscheidenden Probleme aus". Besonderen Anstoß erregte der Satz: „Den geweihten Amtsträgern eignet die Sendung, den Glauben mit Lehrvollmacht in der Welt zu verkünden; die Laien dagegen haben die Sendung, den Glauben zu bezeugen."
[51] In seiner Eröffnungsansprache nennt der Papst die anwesenden Laien „notgedrungen wenig zahlreich".
[52] „Nicht verzichten wollte man ... auf die Ständeeinteilung Laien, Kleriker, Ordensleute, obwohl sich allein schon durch innerkirchliche Entwicklungen neue Überschneidungen abzeichnen" (HK 41 [1987], 523).
[53] Ebd., 525. Von der „verdrängten Frauenfrage" spricht auch Ludwig Kaufmann in seinen Berichten in: Orientierung 51 (1987), 191–194. 225–227.
[54] Entsprechend frustriert gaben sich die Kommentare führender Tageszeitungen, wie „Die katholische Bischofssynode tut sich schwer, den Laien weitere Vollmachten zu geben" (Süddeutsche Zeitung 17.10.1987), „Bischofssynode ohne neue Initiativen" (Neue Zürcher Zeitung 31.10./ 1.11.1987).

ben.[55] Sie erweckten beim kritischen Betrachter den Eindruck eines „dürren Gerippes", ja streckenweise eines „Gemischtwarenladens"[56]. Immerhin mag es überraschen, darin zu lesen: „In der Pfarrei lernt der größte Teil der Katholiken, daß sie, zur Gemeinschaft der Heiligen zusammengefügt, Kirche (oder ein Teil der Kirche) *sind.*" Man meint, Pius XII. 1946 zu hören (s. o. S. 16).

Das von den Synodalen vom Papst erbetene nachsynodale Apostolische Schreiben mit den Anfangsworten *Christifideles laici* trägt das Datum vom 30. Dezember 1988. Es ist bislang das umfangreichste nachsynodale Dokument. Nach den Eingangsworten des Schreibens *gehören* die Laien zu jenem Volk Gottes, das mit den Weinbergarbeitern im Gleichnis (Mt 20) gemeint ist. Freilich wird ein wenig später (Nr. 9) jenes berühmte Dictum Pius XII. zitiert, wonach die Laien nicht nur *zur* Kirche *gehören,* sondern die Kirche *sind* (s. o. S. 16). Im übrigen lehnt sich das Schreiben weitgehend und bis zu unzähligen wörtlichen Zitaten an das 2. Vatikanum an[57]: Taufe als Grundlage für Würde und Sendung des Laien, Teilnahme am priesterlichen, prophetischen und königlichen Amt Christi, Weltcharakter des Laien, seine Berufung zur Heiligkeit, Kirche als communio.

Aus dem „Sakrament des Ordo" leiten sich indes zunächst die „geweihten Ämter" her. Diese sind „eine große Gnade für die gesamte Kirche". Freilich ist das Amtspriestertum „wesentlich auf das königliche Priestertum aller Gläubigen" hingeordnet (Nr. 22). Dem Wunsch nach einer über das Konzil und den neuen CIC hinausgehenden *liturgischen* Befähigung der Laien wird durch Einsetzung einer entsprechenden Kommission entsprochen. Merkwürdig muten die Aussagen über die Frau an: Obwohl Jesus die Frauen, im Unterschied zum Mann, „nicht zum Apostolat der Zwölf und somit zum Priesteramt berufen" hat (Nr. 49), haben sie doch, wie der Mann, Anteil am dreifachen Amt Christi. Als besondere Aufgaben kommen der Frau zu: dem Eheleben und

---

55 Deutsche Übersetzung in: HK 41 [1987], 569–579.
56 Ebd., 564 f.
57 97 der insgesamt 224 Anmerkungen beziehen sich auf Texte des Zweiten Vatikanums (HK 43 [1989], 106).

der Mutterschaft die volle Würde zu verleihen und die moralische Dimension der Kultur zu sichern (Nr. 51).

Summa summarum: Von Vatikanum II über den CIC von 1983 bis zu „Christifideles laici" hat sich, was die Einschätzung des Laien angeht, in der katholischen Kirche nichts bewegt. [58]

5
Die Diskussion geht weiter

Die wenig ergiebige Diskussion über den Laien auf dem 2. Vatikanum und der Bischofssynode 1987 erbrachte immerhin den Gewinn, daß die Diskussion intensiv weitergeht. Denn es ist offenkundig, daß – trotz aller Kosmetik – die Kluft zwischen Hierarchie und Laien weiter besteht und leidvoll empfunden wird. Aktionen von Laien wie das in Österreich und Deutschland durchgeführte Kirchenvolksbegehren „Wir sind Kirche" und die Reaktionen des Episkopats darauf wurden zu Mahnsignalen.

Der Unwille über die Geringschätzung derer, die sich als „Kirche" verstehen, aber trotz aller schönen Worte über die „Stunde der Laien" als solche nicht ernstgenommen werden, äußert sich in harten Worten vereinzelter (!) Fachtheologen, vor allem aber enttäuschter und verzweifelter Laien. Nach Dietrich Wieder-kehr „verraten die Kirchenleitungen immer wieder, wie sie sich noch in einer möglichen, frei wählbaren, unverbundenen Eigenständigkeit sehen, aus der sie – vielleicht huldvoll und herablassend – sich den Anliegen der Gläubigen öffnen können oder auch nicht. ... *Wie weit weg* und vom Volk Gottes abgespalten sind die Amtsträger entfernt, wenn sie sich erst noch meinen überlegen zu können, ob sie sich von einem Gemeindebegehren überhaupt erreichen und bewegen lassen wollen." [59]

---

[58] Weiterhin ist z.B. der Präsident des Päpstlichen *Laien*rats ein Kardinal oder Erzbischof!
[59] Wiederkehr: Volk Gottes, 114 f.

Zu der Kirchenkonstitution *Lumen Gentium* (LG) des 2. Vatikanums schreibt WERNER HOLZGREVE: „Manche Passagen von LG sind im Kontext zur gesamten Konstitution über die Kirche nicht frei von Widersprüchen und Vorbehalten geblieben. Manche Passagen relativieren auch wieder progressive Aussagen über die Kirche – oder stutzen sie bei näherem Hinsehen gar wieder zurück. Kein Zweifel auch daran, daß dem Sakrament des Ordo, dem Inhaber des Weihestandes also, und dabei wieder besonders den Hirten, eine größere Gewichtigkeit als den Laien beigemessen wird."[60] So muß man bedauerlicherweise zugeben, daß „manche Passagen von LG durch ihre Schwammigkeit und Unverbindlichkeit, aber auch durch ihre wiederholten Hervorhebungen des Lehramts und der hierarchischen Ordnung in der Kirche jenen restaurativen Kräften heute die argumentative Munition liefern, die die Kirche als ein ‚Haus voll Glorie' neu instandsetzen möchten, in dem ein hochheiliger, niemals irrender Hausbesitzer den Preis und den Inhalt der Mietverträge bestimmt".[61]

Dieselbe Kritik wie das 2. Vatikanum muß unweigerlich auch das päpstliche Lehrschreiben *Christifideles laici* treffen. Dabei fällt dann auch das Wort vom „Fußvolk": „Für den Papst ... sind die Laien gewiß ein überaus wertvoller und auch unverzichtbarer Teil des Volkes Gottes, aber ein Fußvolk eben, das zwar wesentlich zur Kirche gehört, aber nur Gefolgschaft ist und zu bleiben hat. Selbstverständlich dürfen, nein, müssen die Laien (auch die Frauen natürlich) mitarbeiten, mitberaten und mitmissionieren, sie sind dazu geradezu verpflichtet. Nur eines dürfen sie nicht – *mitbestimmen.*"[62]

Alle diese beklagten Mißstände sind freilich in der Struktur der katholischen Kirche begründet, wie sie sich im 3. Jahrhundert anbahnte und im 1. Vatikanischen Konzil 1870, das dem Papst göttliche Eigenschaften zusprach, mit letzter Rigorosität zemen-

---

[60] Holzgreve, 53.
[61] Ebd., 55.
[62] Ebd., 61. – Die Frage kannn auch lauten: „Laien – Stiefkinder oder Priester, Propheten und Könige?" (Stefanie Spendel in: Grohs/Czell, 131–150).

tiert wurde. Es ist kaum zu verstehen, daß die Forderung nach einer Änderung dieser Struktur, nach einer absolut neuen Kirchenverfassung und dementsprechend nach einem neuen Konzil kaum und höchstens vereinzelt erhoben wird.[63] Es wird immer nur von *Überbrückung* der Kluft zwischen Klerus und Laien gesprochen, kaum aber von ihrer Beseitigung.[64] Man will nicht sehen, daß das Grundübel der Kirche ihr Zwei-Stände-System ist. Solange dieses nicht beseitigt wird, sind alle „Reformen" aufgeklebte Pflaster, die die eigentliche Krankheit nicht heilen.

Wie diametral die gegenwärtige Verfassung der katholischen Kirche den Intentionen Jesu zuwiderläuft, zeigt ein unvoreingenommener Blick in die Evangelien, denen wir uns nun zuzuwenden haben.

---

[63] Neuner, 217–220, beklagt, „daß die Idee von der Kirche als Volk Gottes noch nicht strukturbildend geworden" sei. „Nach wie vor werden alle wichtigen Entscheidungen nicht vom Volk Gottes, sondern von wenigen Amtsträgern im Volk oder für dieses gefällt. Nach wie vor sind alle Entscheidungsvollmachten dem Klerus vorbehalten, und er ist frei, ob und wie er die Laien in den Prozeß der Entscheidungsfindung mit einbeziehen will und wen er zur Beratung heranzieht. ... Dem Amt sind im Laufe der Kirchengeschichte vielfältige Vollmachten und Kompetenzen zugewachsen, die sich keineswegs notwendig und vom Wesen und der Stiftung der Kirche her mit ihm verbinden." Freilich hält Neuner dann doch wieder „vor allem ... das durch Ordination verliehene Amt" für unverzichtbar. Thomas, 10, erinnert daran, daß die Laien „constituent en effet la presque totalité du peuple chrétien" (in der Tat fast die Gesamtheit des christlichen Volkes ausmachen).

[64] Beachtenswert z. B. der Untertitel von Parent: *Pour surmonter* l'opposition clercs/laïcs (Zur *Überbrückung* der Kluft zwischen Klerikern und Laien).

II

Jesus wollte keine Priester

1

Das kirchliche Priesterbild

Unser heutiges Priesterbild ist von vielen Einflüssen bestimmt. Es ist vor allem das Ergebnis von päpstlichen und bischöflichen Lehrschreiben, die dann in fach- und populärwissenschaftlicher Literatur aufgearbeitet und von Tradition und Volksfrömmigkeit weitergetragen wurden. Hier soll vor allem die eigentliche Quelle zur Sprache kommen, beschränkt auf die letzten hundert Jahre. Mit Ausnahme von BENEDIKT XV. (1914–1922), der es im ersten Weltkrieg mit dringenderen Nöten zu tun hatte[1], dürfte es in unserem Jahrhundert kein Papst unterlassen haben, ein Lehrschreiben über das Priestertum oder an die Priester zu erlassen, ein Zeichen dafür, daß der Priesterstand sich derzeit als ein besonderes Sorgenkind der Kirchenführung erweist. Einzelne dieser Lehrschreiben geben sich doktrinär, so das Rundschreiben PIUS XI. *Ad catholici sacerdotii* vom 20. Dezember 1935. Andere haben asketisch-pastoralen Charakter. Ihnen geht es um die Lebensführung der Priester. Zu dieser Gruppe gehören etwa das Mahnwort PIUS X. an den katholischen Klerus vom 4. August 1908 über die Selbstheiligung des Priesters, sodann die Apostolische Ermahnung PIUS XII. *Menti nostrae* vom 23. September 1950 über Priesterleben und Priesternachwuchs heute und das Rundschreiben JOHANNES XXIII. *Sacerdotii Nostri primordia*

---

[1] Erwähnung verdient jedoch sein am 15. Juni 1917 erlassenes Rundschreiben *Humani generis* über die Bedeutung der Predigt.

vom 1. August 1959 über den heiligen Pfarrer von Ars als Vorbild der Priester. [2]

Als Mischung zwischen Lehr- und Mahnschreiben kann die Enzyklika PAULS VI. über den priesterlichen Zölibat *Sacerdotalis coelibatus* vom 24. Juni 1967 gelten. Es liegt freilich nahe, daß auch in die Mahnschreiben grundsätzliche Aussagen über das Priestertum einfließen.

Dabei bleiben die Argumente, mit denen das Priestertum begründet und umschrieben wird, konstant. Hieraus ergeben sich auch die entsprechenden Fehlentwicklungen. Unverrückbar steht grundlegend fest, daß Jesus beim letzten Abendmahl das

---

[2] Alle fünf genannten Schreiben in deutscher Übersetzung bei Rohrbasser. Zu beachten ist überdies das Dokument der 2. ordentlichen Bischofssynode 1971 über das Priesteramt (Ausgabe mit Kommentar von H. U. von Balthasar, Einsiedeln 1971; Text auch in HK 25 [1971], 584–591). Die traditionellen Vorstellungen stützen sich auf die Konzilstexte und werden nicht weiter hinterfragt: Die Christengemeinschaft vermag ihre Sendung ohne ein priesterliches Dienstamt nicht voll zu erfüllen (8,2). Dieses ist vom allgemeinen Priestertum der Gläubigen wesenhaft und nicht nur gradmäßig verschieden (12,5). „Einzig der Priester kann in der Person Christi handeln, wenn es darum geht, dem Opfermahl … vorzustehen und es gültig zu vollziehen" (12,7).

Als für unsere Gegenwart maßgeblich muß schließlich das 1994 von der römischen Kongregation für den Klerus erlassene „Direktorium für Dienst und Leben der Priester" gelten.

An *bischöflichen* Lehrschreiben seien erwähnt das Schreiben der Bischöfe des deutschsprachigen Raumes (so das Titelblatt; im Schreiben selbst sprechen „die deutschen Bischöfe") über das priesterliche Amt von 1970 und das Schreiben der deutschen Bischöfe über den priesterlichen Dienst vom 24. September 1992. Das letzte hat praktisch-pastoralen Charakter: Wer sind wir als Priester? Wie ist priesterliche Existenz heute lebbar?

Das gewichtigere Schreiben von 1970 nimmt Abstand vom Klischee Abendmahl = Priesterweihe und anerkennt den komplizierten historischen Werdegang des kirchlichen Priestertums. Dennoch hat es in biblischen Fachkreisen eine sehr zwiespältige Aufnahme gefunden; s. Kertelge, 21–26: „eine ernst zu nehmende theologische Bemühung" (21). Pesch, 12–18, attestiert dem Schreiben, daß „einiges vorbildlich gesehen und durchgeführt wurde" (12), bemängelt jedoch die trotzdem beflissenen „Verteidigungen bestehender Einrichtungen und traditioneller Lehren" (14). „Das Schreiben bleibt durchweg blind gegenüber den gegenwärtigen und zukünftigen Entwicklungsmöglichkeiten in der Leitung christlicher Gemeinden" (14).

Priestertum des Neuen Bundes eingesetzt und die „Apostel" zu Priestern geweiht habe.[3] Und so rechtfertigt Pius XI. Thema und Erscheinungstermin seines Rundschreibens über das Priestertum im „Heiligen Jahr" 1933 mit der 19. Jahrhundertfeier der Einsetzung des Priestertums.[4] Dieser Zusammenhang wird auch in jedem der Schreiben hergestellt, die Papst Johannes Paul II. Jahr um Jahr zum Gründonnerstag an die Priester der Kirche richtet.[5] Daß wir im ganzen Neuen Testament nirgendwo etwas davon hören, die Apostel hätten von der ihnen verliehenen Priestergewalt Gebrauch gemacht, scheint niemanden anzufechten. Selbst

---

[3] *Ad catholici sacerdotii* (Rohrbasser, 22), u. a. Von „Aposteln" spricht nur Lk 22,14; sonst ist in den Abendmahlsberichten der Evangelien abwechselnd von Jüngern (Mk 14,12.32; Mt 14,17; Joh 14), von den „Zwölf" (Mk 14,17), von den „zwölf Jüngern" (Mt 14,20) die Rede. Aber die für die Gegenwartsexegese selbstverständliche Unterscheidung zwischen den „Zwölf", den „Aposteln" und den „Jüngern" ist für die päpstlichen Lehrschreiben unerheblich. Für sie können es nur die „Apostel" gewesen sein, was immer man darunter verstehen mag.

[4] Rohrbasser, 17.

[5] So zuletzt am Gründonnerstag 1996: Beim letzten Abendmahl „offenbarte Christus den Aposteln, daß es ihre Berufung war, wie er und in ihm Priester zu werden. ... Indem er den Aposteln das Gedächtnis seines Opfertodes anvertraute, machte Christus sie auch seines Priestertums teilhaftig. ... Wir haben also von den Aposteln den priesterlichen Dienst als Erbe übernommen."
Der erste dieser Gründonnerstagsbriefe vom 8. April 1979, ein Jahr nach dem Amtsantritt Johannes Pauls II., fand eine ungewöhnliche positive wie negative Resonanz, nicht zuletzt wegen seiner Bekräftigung des Pflichtzölibats (vgl. Denzler, hier 197–217 auch der Text des Schreibens). Die als Einstieg vorgenommene Abwandlung des Augustinus-Wortes „Für euch bin ich Bischof, mit euch bin ich Christ" in „Für euch bin ich Bischof, mit euch bin ich Priester" läßt den Priester *a limine* als die Vollendung des Christen erscheinen. Daß das sakramentale Priestertum nicht nur dem Grad, sondern auch dem Wesen nach vom allgemeinen Priestertum der Gläubigen verschieden sei, wird in dem kurzen Dokument viermal betont, um den Priester auf jeden Fall gebührend vom gewöhnlichen Kirchenvolk abzuheben. Das sakramentale Priestertum ist „hierarchisch", „das heißt mit der Vollmacht verbunden, das priesterliche Volk heranzubilden und zu leiten". Der Pflichtzölibat beruht auf „apostolischer Lehre". – Mit den Jahren erlahmte das Interesse an diesen Gründonnerstagsbriefen, schon wegen der unvermeidlichen Wiederholungen.

von Paulus wissen wir nur sicher, daß er an der Feier des „Brotbrechens" teilnahm (Apg 20,7). Ob er je der Eucharistie vorstand, bleibt offen. [6]

Die mangelnde Unterscheidung zwischen den „Zwölf", den Jüngern und den Aposteln hat auch zur Folge, daß an die „Jünger" gerichtete Worte auf die Priester eingeschränkt werden. So sind mit dem zu den siebzig Jüngern gesprochenen Wort „Die Ernte ist groß, aber der Arbeiter sind wenige. Bittet daher den Herrn der Ernte, daß er Arbeiter in seine Ernte sende" (Lk 10,2) ganz selbstverständlich die Priester gemeint. [7]

Ebenso selbstverständlich ist das für die missionierenden Jünger geltende Wort „Wer euch hört, hört mich; wer euch verachtet, verachtet mich" (Lk 10,16) an die Priester gerichtet. [8] Und aus

---

[6] Hätte Paulus aber in seinen Gemeinden der Eucharistie vorgestanden, von wem war er dazu bevollmächtigt? Gewiß nicht von „Jakobus, Kephas und Johannes, die ,als Säulen' galten" (vgl. Gal 2,9). Sollte die Vollmacht zum Vollzug der Eucharistie aber gleichsam automatisch mit der Erscheinung des Auferstandenen (1 Kor 9,1; 15,8) verliehen worden sein – denn wie anders hätte Jakobus, der Bruder des Herrn, der nicht zu den „Zwölf" gehörte, sonst zu seiner allumfassenden Leitungsvollmacht in der Jerusalemer Gemeinde kommen können (Apg 12,17; 15,13; Gal 1,19; 2,12)? – müßte dies dann nicht von *allen* gelten, denen der Auferstandene sich gezeigt hatte, also auch von Maria Magdalena (Joh 20,11–18) und von den „mehr als fünfhundert Brüdern" (1 Kor 15,6), unter denen gewiß auch „Schwestern" waren? Schon von hier aus gibt sich die Behauptung, daß „nur der Amtspriester wirksam jenes Wort sprechen" könne, „durch welches die eucharistische Opfergabe, der Leib und das Blut Christi, gegenwärtig wird" (Michael Schmaus, Der Glaube der Kirche V/3, St. Ottilien ²1982, 232f), als lebensfremdes dogmatisches Konstrukt zu erkennen.

[7] Pius XII. *Menti nostrae* (Rohrbasser, 167). J. Ernst, Das Evangelium nach Lukas, Regensburg 1977, 330f: „Über das Verhältnis der Aussendung der Zwölf (Lk 9,1–6) und der Zweiundsiebzig (Lk 10,1–20) muß redaktionsgeschichtlich nachgedacht werden. Lk denkt im ersten Fall an Israel, das durch die zwölf Stämme repräsentiert wird, im zweiten an die ganze Welt, die nach Gen 10 (LXX) in den zweiundsiebzig Völkern ihre Fülle gefunden hat. Der Gedanke der Heidenmission ist also für die Doppelerzählung mit verantwortlich. Der geschichtliche Hintergrund dürfte in der Sendung einer größeren Zahl von Jüngern zu suchen sein, unter denen Lk die repräsentativen Gruppen der Zweiundsiebzig und der Zwölf erkennt."

[8] Direktorium, Nr. 16.

dem zu den „Jüngern" gesprochenen Jesuswort „Welchen ihr die Sünden erlaßt, denen sind sie erlassen, und welchen ihr sie festhaltet, denen sind sie festgehalten" (Joh 20, 23) wird abgeleitet: „Priester sind daher nach dem Willen Christi die einzigen Ausspender des Sakramentes der Versöhnung."[9]

Auf dieser Voraussetzung beruht ein weiteres Element des traditionellen Priesterbildes: die Erwählung, Heraushebung und Erhöhung des Priesters aus den übrigen Menschen. Er ist kaum mehr ein Jünger, sondern wird nachgerade zum „zweiten Christus": *Sacerdos alter Christus* – dies ist ein der katholischen Sprache geläufiges Wort. „Der Kleriker ist als ein Mann zu betrachten, der aus dem Volk ausgesondert, in einzigartiger Weise mit höheren Aufgaben betraut und einer göttlichen Macht teilhaftig ist; mit einem Wort: er ist ein zweiter Christus."[10] Mit Vorliebe wird in diesem Zusammenhang Hebr 5, 1 zitiert: „Denn jeder Hohepriester wird aus den Menschen ausgewählt und für die Menschen bestellt in ihren Anliegen bei Gott." Niemanden stört dabei, daß die Berufung auf diesen Text in zweifacher Weise unpassend ist. Zum einen ist hier vom *jüdischen Hohenpriester* die Rede, zum anderen spricht sich keine neutestamentliche Schrift so dezidiert gegen die Vorstellung eines christlichen Priestertums aus wie gerade der Hebräerbrief (s. u. S. 68 f).

---

[9] Direktorium, Nr. 51. R. Bultmann, Das Evangelium des Johannes, 1954: „Es versteht sich von selbst, daß da nicht eine besondere apostolische Vollmacht erteilt wird, sondern daß die Gemeinde als solche mit dieser Vollmacht ausgestattet wird." R. Schnackenburg, Das Johannesevangelium 3, 1975: „Im Sinne des Evangeliums ist eine Beschränkung auf die ‚elf Apostel' nicht haltbar." ... „Eine Beschränkung der Vollmacht auf die anwesenden Jünger bzw. auf spätere Amtsträger liegt dem Evangelisten fern; wie bisher repräsentieren die Jünger die Gemeinde, und in 1 Joh werden Amtsträger für die kirchliche Praxis nicht genannt." – Wie sehr es dem Anliegen des Evangelisten widerspricht, wenn die Vollmacht, „Sünden zu erlassen und festzuhalten", auf irgendwelche Amtsträger begrenzt wird, zeigt eindringlich und überzeugend M. Hasitschka, Befreiung von Sünde nach dem Johannesevangelium, Innsbruck 1989, 402–422.

[10] Von Johannes XXIII. *Sacerdotii Nostri primordia* zitiert aus einer Rede seines Vorgängers Pauls VI., die noch zu halten der Tod ihn verhinderte (Rohrbasser, 214). Vgl. auch Pius XI. *Ad catholici sacerdotii* „Er (der Priester) muß wie ein zweiter Christus leben" (Rohrbasser, 37).

Doch es geht noch weiter. Aus den Menschen genommen, für die Menschen bestellt, ist der Priester berufen, vermittelnd zwischen Gott und seinen Mitmenschen zu stehen. Das priesterliche Amt macht „den Priester zum Mittler zwischen Gott und den Menschen".[11] Als Schriftbeleg dafür dient 1 Tim 2,5: „Denn einer ist Gott, einer auch der Mittler zwischen Gott und den Menschen, der Mensch Jesus Christus." Statt daraus zu schließen, daß es außer dem Menschen Jesus Christus keinen anderen menschlichen Mittler geben kann, wird das Gegenteil gefolgert: Als dem „zweiten Christus" kommt dem Priester die Mittlerschaft zu, die Christus innehat. Deshalb prägt das Weihesakrament dem Priester ein *unauslöschliches Merkmal (character indelebilis)* ein. „Dieses Merkmal wird er, auch in bedauerlichsten Verirrungen, in die er durch menschliche Schwäche fallen kann, nie aus seiner Seele ausmerzen können."[12] Allerdings wird wiederum als Schriftbeleg eine Bibelstelle herangezogen, die dafür nicht zuständig ist. Es ist die Zusage, die David nach der Eroberung Jerusalems dem jebusitischen Priester macht, den er in den Jahwedienst übernimmt: „Du bist Priester auf ewig nach der Ordnung des Melchisedech" (Ps 110,4). Eine zusätzliche Steigerung erfährt das Priesterbild durch die Ausgrenzung, jeder Verstoß des Priesters gegen die „Tugend der Keuschheit" sei ein Sakrileg.[13]

Die Übertragung von biblischen Aussagen über das israelitisch-jüdische Priestertum auf das Priestertum der Kirche ist nicht nur religionsgeschichtlich falsch, gedanklich unlogisch und methodisch unhaltbar. Sie ist Ursache der ganzen verfehlten Entwicklung, unter der wir bis heute zu leiden haben. Denn sie setzt zum Beispiel als ganz selbstverständlich voraus, daß Jesus ein solches Priestertum wollte, und mißachtet damit völlig die ablehnende Haltung, die Jesus dem Tempelpriestertum entgegenbrachte (s. u.). So konnte es dann sogar zur Vorstellung kommen,

---

[11] Pius XI. *Ad catholici sacerdotii* (Rohrbasser, 33).

[12] Pius XI., ebd. (Rohrbasser, 27); Schreiben von Johannes Paul II. an alle Priester der Kirche zum Gründonnerstag 1990, Nr. 1. – Zum *character indelebilis* s. u. S. 109 ff.

[13] Pius XI., *Ad cath. sac.*, (Rohrbasser, 38).

das alttestamentliche Priestertum habe lediglich eine Vorbild-
funktion für das christliche Priestertum gehabt. Pius XI. erhebt
zwar den Lobpreis auf Tempel und Kult Israels, wonach „Gott in
seiner Sorge dem noch unentwickelten Geiste des jüdischen Volkes einen großen Grundgedanken einprägen wollte, der in der
Geschichte des auserwählten Volkes sein Licht über alle Ereignisse, Gesetze, Würden und Ämter ausstrahlen sollte: Opfer und
Priestertum", zögert dann aber nicht einzuschränken: „Und doch
besaß jenes alte Priestertum seine erhabene Majestät und Herr-
lichkeit nur als Vorbild des christlichen Priestertums, des Priestertums des Neuen und Ewigen Bundes." [14]
    Auch der Ehren- und Amtstitel „Hirte", „Pastor" beruht letzt-
lich auf biblischem Vorbild. Gott ist der Hirte Israels (Ps 80, 2; Jes
40, 11 u. ö.), und so wird im Neuen Testament auch die Sorge Jesu
um die Seinen unter dem Bild des Hirten beschrieben (Joh 10). Somit lag es nahe, diese Bezeichnung auch für den Priester zu übernehmen. Dennoch muß überraschen, daß noch allerjüngst – im
Zeitalter des Laien! – ein römisches Lehrschreiben den Titel „Pastor" ausschließlich den Priestern vorbehalten wissen will. Es ist
das „Amtspriestertum des Presbyters", „dem allein aufgrund der
vom Bischof empfangenen Priesterweihe im eigentlichen und
eindeutigen Sinn der Begriff ‚Pastor' zukommmen kann". [15] Was
sollen sich dabei vor allem in den Missionsländern die Laien denken, die seit 150 Jahren fast die ganze Hirtenarbeit allein erbracht
haben?
    Wie zu erwarten, spiegelt sich diese Sicht des Priestertums
auch in der spirituellen Literatur. Was auch hier stets von neuem
überrascht, ist die fraglose Einsetzung des Priestertums durch Jesus sowie der unproblematische Übergang von der Person Jesu
auf die Person des Priesters, vom Tun Jesu auf das Tun des Priesters. Ein Klassiker meiner Studienzeit waren die unter dem Titel
„Das Priestertum" erschienenen Vorträge des langjährigen Di-
rektors des Collegium Leoninum in Bonn, des Kölner Weihbi-
schofs W. Stockums (1934), ein von hoher Verantwortung und
reicher Erfahrung geprägtes Buch. Darin heißt es, das katholische

---

[14] Ebd., (Rohrbasser, 20f.).
[15] Direktorium, Nr. 19

Priestertum sei, ebenso wie die Kirche, nicht aus zeitlichen und irdischen Notwendigkeiten heraus entstanden, sondern „unmittelbar göttlichen Ursprungs". „Es ist Christus selbst, der Gottessohn, der es ins Leben gerufen und in die Welt hineingepflanzt hat. ... Er allein ist der Gründer und Stifter des Priestertums im Neuen Testament."[16] Zwar knüpfte er dabei an vorhandene Elemente, besonders an das israelitische Priestertum an. Aber „er schaffte allen alttestamentlichen Opferdienst grundsätzlich und für immer ab und setzte an die Stelle der vorbildlichen Opfer, die ihre Aufgabe erfüllt hatten, ein neues und immerwährendes Opfer, dessen Vollzug er in die Hände von neuen, von ihm berufenen Priestern legte".[17]

Entsprechend der Theologie jener Zeit ist der Priester auch hier ein *alter Christus*: „Wie in seinem höheren Sein ist der Priester auch in seinem Wirken nichts anderes und nichts Geringeres als ein zweiter Christus."[18] Keine Frage, daß Worte der Bergpredigt wie „Ihr seid das Salz der Erde, ihr seid das Licht der Welt" (Mt 5, 13.15) an die Apostel und damit an die Priester gerichtet sind.[19]

Nicht so kritiklos wie STOCKUMS „Priestertum" und andere gutgemeinte Abhandlungen und Appelle dieser Art nahmen wir schon damals eine enthusiastische, sentimentale, ja geradezu kitschige Verherrlichung und wirklichkeitsferne Entrückung des Priesterstandes hin. Als abschreckendes Beispiel stehe GEORG THURMAIR:

Ich möchte Gottes Priester sein:
Gewänder tragen, die mich heilig machen,
Die Sprache reden, die sein Geist erfüllt,
Die Worte beten, die das Brot verwandeln,
Und Opfer heben, die erduldet sind.

Ich möchte Gottes Priester sein:
Den Segen spenden über Seine Schöpfung,

---

[16] Stockums, 2 f.
[17] Ebd., 6.
[18] Ebd., 41.
[19] Ebd., 64 ff.

Die Liebe leben und für Tausend sein,
Die Sorge tragen und für Tausend beten,
Den Glauben leben und für Tausend glühn.

Ich möchte Gottes Priester sein:
Die Glocken läuten, daß die Türme schwanken,
Und Feuer zünden, daß der Himmel brennt,
Die Tore öffnen, daß die Wege enden,
und mich verbrennen, daß die Menschheit glaubt. [20]

Je mehr freilich das Priestertum in unserem Jahrhundert in die Krise geriet, um so zurückhaltender wurden die Äußerungen über das Priestertum. Die Thematik wendet sich zunehmend den Fragen zu, wie man heute noch Priester sein, dem Priestertum einen Sinn geben, es unter veränderten gesellschaftlichen Verhältnissen leben kann. Für BERNHARD HÄRING lauten die Fragen: Welche Priester brauchen wir? Hat der Priestertyp von heute überhaupt noch eine Zukunft? Nach HÄRING ruft die gegenwärtige Krise des Klerus „nach Wachstum, Vertiefung und auch nach Wandel". [21] Kaum je wird indes bei solchen und ähnlichen Überlegungen die gegenwärtige Struktur der Kirche in Frage gestellt. Immerhin gibt HÄRING zu: „Die Kirche der ersten drei Jahrhunderte kannte ... weder dem Begriff noch der Sache nach einen ‚Klerus'." [22] Er führt die Bildung von Priesterrängen „unter Abgrenzung vom gewöhnlichen ‚Kirchenvolk'" auf den „Sündenfall der konstantinischen Aera" zurück, zumal „in den Evangelien und den echten Apostelbriefen Jesus nie als Priester oder gar als ‚Hoherpriester' angesprochen wird".

HÄRING deutet denn auch die Möglichkeit an, „Senioren" könnten „das Amt des Vorstehers bei der Eucharistiefeier" übernehmen. „Man braucht kein Prophet oder Seher zu sein, um vor-

---

[20] G. Thurmair, Die ersten Gedichte – an die Freunde, Düsseldorf 1938, 61. Im gegenwärtigen Gesang- und Gebetbuch „Gotteslob" finden sich von Thurmair 25 Texte.
[21] B. Häring, Heute Priester sein. Eine kritische Ermutigung, Freiburg i. Br. ²1996, 77.
[22] Ebd., 47–49.

auszusagen, daß die Kirche diese Chance ergreifen wird. Nicht vorauszusagen ist jedoch, wieviel Schaden die Kirche sich und ihrem Auftrag noch zufügen wird, bis die oberste Kirchenleitung dies zur Kenntnis nimmt."[23] Diese Perspektive gilt es, exegetisch und historisch zu begründen und zu vertiefen. Dabei zeigt sich vor allem, daß zunächst zweihundert Jahre lang nicht eine *Weihe*, sondern ein *Auftrag* das bestimmende Kriterium für den Vorsitz bei der Eucharistiefeier war und daß ein Sakrament der Priesterweihe – das, wenn Sakrament, von Christus eingesetzt sein muß – nicht vor dem 5. Jahrhundert wahrnehmbar ist.

2

Das jüdische Priestertum zur Zeit Jesu

Die Krise des Priestertums und des kirchlichen Leitungsamtes wirkt sich heute bis in die letzte Gemeinde hinein aus. Die Gläubigen werden mit dem Bild einer Kirche in Not konfrontiert. Priestermangel, Gemeinden ohne Eucharistie, Zölibat, Frauenordination bezeichnen die Probleme, die zwar nicht allein, aber doch weitgehend diesen Zustand bestimmen und über die unermüdlich diskutiert wird, wenn auch mit sehr bescheidenem Erfolg. Es will scheinen, als komme die eigentliche Grundfrage gar nicht in den Blick. Mehr und mehr werden ja heute „Laien" in einem pastoralen Dienst eingesetzt, der häufig einer eigentlichen Gemeindeleitung gleichkommt, während sie andererseits die zentrale Aufgabe des Gemeindeleiters, die Feier der Eucharistie mit der Gemeinde, nicht wahrnehmen können. „Warum also – so lautet die immer wieder gestellte Frage – weiht man die, welche de facto die Gemeindeleitung weitestgehend schon wahrnehmen und sich darin zu einem großen Teil auch bewährt haben, nicht

---

[23] Ebd., 106 f.

46

zu Priestern und damit zu vollgültigen Gemeindeleitern?"[24] Antwort: Dieses widerspräche den Weisungen des Konzils.[25] Praktisch heißt das: Entweder erhält die Gemeinde einen ordinierten Gemeindeleiter mit Zugang zur Eucharistie oder aber einen nichtordinierten Gemeindeleiter und muß dann auf die regelmäßige Eucharistiefeier verzichten. Daß die Kirche in ihrer Geschichte andere und vom Neuen Testament her besser legitimierte Modelle kannte, die sich in der alarmierenden Not von heute geradezu gebieterisch aufdrängen, scheint die Bischöfe nicht zu interessieren. Ihnen geht es vor allem um „eine erneuerte Gestalt des priesterlichen Dienstes".[26] Aber es besteht Grund zur Zuversicht: „Den dann fälligen nächsten Schritt dürfen wir getrost der weiteren Führung des Geistes Gottes überlassen."[27]

Das Priestertum der christlichen Kirche, das zur Debatte steht, wurzelt im israelitisch-jüdischen Priestertum. Es unterscheidet sich von diesem am augenfälligsten dadurch, daß es keine blutigen Opfer darbringt. Zwar war im Judentum seit dem Ende des babylonischen Exils (ca. 500 v. C.) die *Synagoge* der Ort des Gebetes, der Schriftlesung und Belehrung geworden. Sie trug das Judentum sowohl im judäischen Mutterland wie in der weltweiten Diaspora von da an durch die Jahrhunderte. Dennoch blieb der Tempel von Jerusalem das religiöse Zentrum des Volkes. Er war das Ziel der Pilgerfahrt vor allem an den drei großen Festen, dem Pesach, dem Wochen- und dem Hüttenfest, nicht nur der einheimischen Gläubigen, sondern auch der frommen Juden aus aller Welt. Am Tempel wurde Theologie gelehrt, am Tempel vollzog sich der das Leben des Volkes erhaltende Kult.

Dieser war streng hierarchisch gegliedert. An der Spitze stand

---

[24] Walter Kasper, Der Leitungsdienst in der Gemeinde. Studientag der Deutschen Bischofskonferenz in Reute, 23. Februar 1994, 21.
[25] Ebd., 22. Vgl. den Beschluß der Herbstvollversammlung der österreichischen Bischofskonferenz 8.–10. November 1994: Nur einem geweihten Priester darf der Bischof die Leitung einer Gemeinde übertragen (HK 48 [1994], 648).
[26] Kasper, 22.
[27] Ebd., 22.

der *Hohepriester,* dem die Durchführung des gesamten Kultes unterstand. Er war der einzige Sterbliche, der an einem Tag des Jahres, dem großen Versöhnungstag (*jom kippur*), den dunklen Hinterraum des Tempels, das „Allerheiligste", betreten durfte und damit der direkten Begegnung mit Jahwe gewürdigt wurde. Er durfte dort aber nur *kurz* beten, damit sich das Volk nicht ängstigte, es könnte ihm etwas zugestoßen sein.[28] Außerdem war der Hohepriester der Vorsitzende des Hohen Rates, des Synedriums, und hatte damit auch eine einflußreiche politische Funktion. Er gehörte der Partei der Sadduzäer an.

Ihm standen die „gewöhnlichen" *Priester* zur Seite. Sie durften den vorderen Tempelraum betreten, das „Heilige", wo sie zweimal täglich Weihrauch verbrannten. Im Vorhof der Priester, in dem der Brandopferaltar stand, brachten sie die Tier- und Speiseopfer dar. Der Dienst der Priester war nicht hauptamtlich. Sie übten einen zivilen Beruf aus, denn sie hatten nur zweimal jährlich eine Woche am Tempel präsent zu sein.[29]

Eine dritte Gruppe des Tempelpersonals bildeten die *Leviten.* Ihnen oblag das ganze Umfeld des Gottesdienstes: Tür- und Ordnungsdienst, Gesang und Musik. Auch sie hatten ihre Dienstwochen wie die Priester. Es wird angenommen, daß täglich 300 Priester und 400 Leviten benötigt wurden, so daß mit insgesamt 7200 Priestern und 9600 Leviten gerechnet wird.[30]

Es bedarf keines Wortes, daß die im Tempel praktizierte Schlächterei in höchstem Maß unappetitlich war und einen entsetzlichen Gestank verursachte, der durch Weihrauch neutralisiert wurde (wie noch heute im Orient geläufig). Gräßlich muß es vor allem bei der Schlachtung der Paschalämmer zugegangen sein, bei der die Priester bis zu den Knöcheln im Blut wateten.[31] Auch wenn die von Josephus Flavius genannte Zahl von 250000 Opfertieren maßlos übertrieben sein dürfte, so werden wir doch

---

[28] Jeremias, 168 f; B. Reicke, Neutestamentliche Zeitgeschichte, Berlin 1965 (³1982), 122–125.
[29] Jeremias, 224–234.
[30] Ebd., 234–241.
[31] „Es ist ein Stolz für die Söhne Aarons, bis an die Knöchel im Blut zu waten" (Pes 65b).

mit mehreren Zehntausend zu rechnen haben. Damit glich der Tempel mehr einem Schlachthaus als einem Bethaus.

Allerdings entzündete sich die Kultkritik der Propheten nicht am blutigen Opfer als solchem. Sie verurteilten vielmehr die mangelnde Übereinstimmung zwischen einem beflissen veranstalteten Kult, der die „religiösen Pflichten" abgelten sollte, und der geforderten Gerechtigkeit und Nächstenliebe. Wenn der Prophet Amos (um 750/740 v. C.) Jahwe erklären läßt: „Ich hasse, ich verschmähe eure Feste und mag eure Feiern nicht riechen. Denn wenn ihr mir Brandopfer darbringt, so habe ich keinen Gefallen an euren Gaben, und das Opfer eurer Mastkälber sehe ich nicht an" (Am 5,21f), so liegt der Ton auf *eure*: Auf die Gesinnung kommt es an. Bei der Lebensführung der Opfernden können deren Opfer Gott nicht gefallen. Statt dessen „ströme wie Wasser das Recht und die Gerechtigkeit wie ein unversieglicher Bach" (V. 24). Wenn dann aber ein späterer Redaktor die penetrante Frage anschließt: „Habt ihr mir Schlachtopfer und Gaben dargebracht in der Wüste, vierzig Jahre lang, Haus Israel?" (V. 25), so zeigt dies, daß man schon im 6. Jahrhundert v. Chr. die Tieropfer in Frage stellte, eine Entwicklung, die durch die tempellose Zeit des babylonischen Exils entscheidend gefördert wurde.

Um diesen Wandel geht es: weg vom Tieropfer, hin zu einer ethisch verantworteten Grundhaltung. So geht Ps 50,7–15 womöglich noch schärfer als Amos mit den Schlachtopfern von Tieren ins Gericht („Soll ich das Fleisch von Stieren essen und das Blut von Böcken trinken? Bringe Gott dein Lob zum Opfer dar", V. 13f), und Aussagen wie Ps 40,7–9 („Schlachtopfer und Speiseopfer gefallen dir nicht, doch Ohren hast du mir gegraben ... deinen Willen zu tun, mein Gott, macht mir Freude, und dein Gesetz trage ich im Herzen"), Ps 51,18f („Schlachtopfer begehrst du nicht, und an Brandopfern hast du kein Gefallen. Das Opfer, das Gott gefällt, ist ein zerknirschter Geist"), Ps 69,31f („Ich will den Namen Gottes rühmen im Liede, ihn preisen mit Lobgesang. Das wird Jahwe besser gefallen als Rinder, als Stiere mit Hörnern und Klauen") zeugen von der Ahnung eines vergeistigten Gottesdienstes und einer Sehnsucht nach Opfern des Herzens und der Lippen.

Es gab also schon eine alte Tradition und ein tiefer gehendes Bewußtsein im jüdischen Volk. Daran konnte Jesus in seiner Verwerfung der Tempelopfer anknüpfen. *„Barmherzigkeit will ich und nicht Opfer"* – dieses Zitat aus Hosea (6,6), das sich ausgerechnet beim gesetzes- und opferfreudigen Matthäus zweimal findet (9,13; 12,7), kennzeichnet Jesu Verschiebung von der Sphäre des Kultischen in die der Sittlichkeit.

Wie stark dieses Bewußtsein in der jüdischen Umwelt Jesu bereits Fuß gefaßt hatte, haben die Texte der essenischen Gemeinde von Qumran eindrücklich gezeigt. Der Gründer der Gemeinde scheint ein Priester des Jerusalemer Tempels gewesen zu sein. So war auch die Qumrangemeinde nach dem Vorbild des Tempels streng hierarchisch gegliedert. Die Priester nahmen einen bevorzugten Platz ein, ihnen unterstanden die Leviten, gefolgt von den übrigen Gliedern der Gemeinde (den „Vielen"). Aber die Gruppe hatte mit dem alten Tempel gebrochen, weil er in ihren Augen von unwürdigen Priestern verwaltet wurde. Daraus ergab sich für die Gemeinde ein umstürzend neues Verständnis des Tempels: *Sie selbst* ist das Heiligtum Gottes, sie ist ein „heiliges Haus für Israel und ein Kreis des Allerheiligsten für Aaron" (1QS VIII, 5f, vgl. IX, 6).

Diese Übertragung der Tempelbegriffe auf die Gemeinde hat der in den Paulus- und paulinisch geprägten Briefen (1 Kor 3,16f; 2 Kor 6,16; 1 Kor 6,19; Eph 2,19ff; 1 Petr 2,4ff; 1 Tim 3,15) bezeugten Vorstellung den Boden bereitet, wonach die christliche Gemeinde der Tempel Gottes ist. „Die christliche Umdeutung des Tempels wurde ... als bereits geprägte Vorstellung aus der Qumrangemeinde übernommen.[32] Entsprechend ist auch das *Opfer*, das in diesem Tempel dargebracht wird, von ganz anderer Art. Die Gemeinde entsühnt Israel nicht „durch Fleisch von Brandopfern und Fett von Schlachtopfern". Vielmehr „ist das *Hebeopfer der Lippen* nach der Vorschrift wie ein Opferduft der Gerechtigkeit und *vollkommener Wandel* wie ein wohlgefälliges freiwilliges Opfer" (1QS IX, 4f). Dabei fällt auf, wie bewußt sich die Gemeinde in ihrem Selbstverständnis an die Kultkritik der

---

[32] Klinzing, 167–213, hier 167f.

Propheten anlehnt und sich damit in eine säkulare Tradition ein-ordnet.[33] Ähnlich mahnt dann auch der Hebräerbrief: „Laßt uns Gott allezeit das Opfer des Lobes darbringen, die Frucht der Lippen, die seinen Namen preisen" (13, 15).

Wenn auch aus einer Notsituation herausgewachsen, wurde die Umdeutung des Kultes durch die Qumrangemeinde, der Ersatz der Tempelopfer durch Lobopfer und rechten Lebenswandel, zu einem singulären religionsgeschichtlichen Ereignis. Sie sollte ungeahnte Dimensionen erhalten: durch ihre Bekräftigung durch Jesus für die junge Kirche und die Zerstörung des Tempels für das Judentum.

3
Jesus und der Tempel

Nach dem Johannes-Evangelium zog Jesus fünfmal, und zwar an Wallfahrtsfesten nach Jerusalem hinauf: an drei Paschafesten (2, 13.23; 6, 4; 11, 25; 12, 1), an einem Laubhüttenfest (7, 2) und an einem weiteren Fest (5, 1).[34] Das scheint einen großen Eifer für den Tempel zu bekunden, ist aber in Wirklichkeit nicht einmal ein Minimum. Denn jeder Mann – und das ist der Jude bis heute vom erfüllten 13. Lebensjahr an – war verpflichtet, dreimal im Jahr die Wallfahrt nach Jerusalem zu unternehmen: am Pesach-, am Wochen- (Pfingst-) und am Laubhüttenfest (Ex 23, 17; 34, 23; Dtn 16, 16: „Dreimal im Jahr soll alles, was männlich ist, vor Jahwe … erscheinen. … Und man soll nicht mit leeren Händen erscheinen"). Jesus scheint sich an diese Vorschrift nicht gehalten zu haben, zumindest wird es in den Evangelien nicht erwähnt.

Indes interessiert uns nicht nur, wie oft Jesus zum Tempel zog. Noch wichtiger ist, *was* er im Tempel tat. Die Vorschrift „Man soll nicht mit leeren Händen vor Jahwe erscheinen" (Dtn 16, 16,

---

[33] Gärnter, 16–46, bes. 44–46.
[34] M. Limbeck, 48–51.

51

vgl. Ex 23,15; 34,20) wurde zur Zeit Jesu so ausgelegt, daß jeder Wallfahrer zwei Opfer darzubringen hatte: ein Brandopfer (ᶜolah, holocaustum) für Gott (Rind, Ziege, Schaf …) und ein Mahlopfer (schelamim), das für ihn und seine Familie ein Festmahl abgab. Die Opfertiere mußten im Vorhof der Männer dem Priester übergeben werden, wobei der Opfernde die Hände auf das Opfertier zu stemmen hatte.[35] Daß Jesus sich diesen Riten unterzogen hätte, wird nirgendwo gesagt, und nie hören wir, er habe sich an einem Tempelgottesdienst beteiligt. Man macht sich die Sache vermutlich zu einfach, wenn man sagt, da sei doch für einen „frommen" Juden selbstverständlich gewesen.[36] Wir wissen auch nicht, wie er es mit dem Pascha hielt. Ob sein letztes Mahl ein Paschamahl war oder ein einfaches Abschiedsmahl, ist in der Fachexegese umstritten. Letzteres dürfte freilich wahrscheinlich sein.[37]

Jesu Verhältnis zur Priesterschaft scheint sehr distanziert gewesen zu sein. Deutliche Kritik an den Priestern und Leviten klingt im Gleichnis vom barmherzigen Samariter an (Lk 10,30ff). Auch aus Jesu Anweisung, geheilte Aussätzige sollten sich den Priestern zeigen (Mk 1,40–44 par.; Lk 17,12–19), läßt sich keine Anerkennung von Tempel und Priesterschaft herauslesen, denn die Priester hatten gegenüber den Aussätzigen Rechtsfunktionen, und erst durch ihren Urteilsspruch konnte die verhängte Absonderung von der Gemeinschaft wieder aufgehoben werden.[38]

Schließlich sind die Drohungen Jesu über die bevorstehende Zerstörung des Tempels nicht zu übersehen. Sie sind uns im Neuen Testament in sechsfacher Form überliefert. Das spricht für ihre Geschichtlichkeit , macht es aber zugleich unmöglich, einen gesicherten ursprünglichen Text zu ermitteln (Mk 13,2; 14,58; 15,29; Mt 21,61; Apg 6,14; Joh 2,19).[39]

Wenn Jesus ankündigt, er werde den zerstörten Tempel in drei

---

[35] Ebd., 48. Zum folgenden: Hahn, bes. 24ff.
[36] Limbeck, 48.
[37] Vgl. Th. Söding, 146: „Daß die älteste Tradition ein Paschamahl Jesu beschrieben habe, ist nicht zu erkennen." Zur neueren Forschungsgeschichte s. Bradshaw, Origins, 30–55.
[38] Hahn, 25.
[39] Ebd., 27.

Tagen [40] wieder aufbauen, dann kann damit nur das absolute Ende des Jerusalemer Tempels und jedes irdischen Tempels überhaupt gemeint sein, und zwar nicht des Tempels als Bauwerk, sondern des Tempels in seiner Funktion, so wie Jesus ihn erlebt hat. Diese Art Tempel brauchen die Menschen nicht mehr. Der Tempel, den Jesus an seine Stelle setzt, ist „nicht mit Händen gebaut" (Mk 14, 58), er ist von ganz anderer Wesensart. In den Evangelien wird dieser Aspekt von Johannes am stärksten betont, nicht ohne Blick auf den christlichen Gottesdienst und die Eucharistie: „Er aber sprach vom Tempel seines Leibes" (2, 21). Obwohl dem Johannes-Evangelium die Vorstellung von der Gemeinde als Tempel Gottes (s. o.) gewiß bekannt war, wird hier also der *Leib Jesu* als der wahre Tempel verstanden. „An Stelle des jüdischen Tempelgottesdienstes tritt der Gottesdienst, in dem der Gekreuzigte und Auferstandene die ganz zentrale Stelle einnimmt, die dem Tempel im jüdischen Gottesdienst zukommt." [41]

Jesus unterstreicht das Gemeinte noch mit der Zeichenhandlung der Tempelaustreibung. Allen vier Fassungen der Evangelien (Mk 11, 15–17; Mt 21, 12–17; Lk 19, 45–48; Joh 2, 12–17) ist *ein* Zug gemeinsam: die Vertreibung der Verkäufer von *Tieren* [42] und das Vorgehen gegen die Münzwechsler. Und damit kann nur das Opferwesen im Tempel gemeint sein. [43] Es geht um mehr als um die Beseitigung von Mißständen, wie eine verbreitete Vorstellung es will. Wenn Jesus die Käufer und Verkäufer von Tieren hinauswirft und die Tische der Geldwechsler umstößt, was ja alles zum Opferbetrieb *nötig* war, dann macht er damit den ganzen traditionellen Opferkult unmöglich, dann erklärt er diesen als erledigt. [44]

Das wird denn auch von mehr als einem Ausleger so verstanden. So bemerkt EDUARD SCHWEIZER zur lukanischen Fassung:

---

[40] Ob die „drei Tage" auf Jesus zurückgehen, tut hier nichts zur Sache.
[41] Cullmann: Urchristentum, 47 f. Zum liturgischen Grundton des ganzen Johannes-Evangeliums s. u. (S. 56 f).
[42] Chilton, 100.
[43] Daß man die Opfertiere auch selbst mitbringen oder anderswo kaufen konnte, ist für den Sachverhalt unerheblich.
[44] Limbeck, ebd., 48; Th. Söding, Die Tempelaktion Jesu, in: TThZ 101 [1992], 36–64, hier 46.

„Die Reinigung des Tempels wird auf das Allernotwendigste zusammengestrichen; sie schafft den Raum für Jesu tägliches Lehren." An die Stelle des Kultes tritt die *Lehre* Jesu, „die dem Tempel erst Sinn verleiht, ihn dann freilich auch aufheben wird".[45] Und zum Verbot, die heiligen Geräte des Tempels zur Schau zu stellen (Mk 11,16), gibt MEINRAD LIMBECK zu bedenken: „Jesus trat denen in den Weg, die das Volk durch die Pracht des Kultes beeindrucken und begeistern wollten. ‚Er aber lehrte sie' (V.17). ... An die Stelle des Kultes, in dem die Priester die Gläubigen zu Zuschauern machten, setzt Jesus die Lehre – *seine* Lehre." Damit aber entzog Jesus nach damaligem jüdischem Denken nicht nur dem *Kult*, sondern der *Existenz* des Volkes überhaupt seine Grundlage. Es gilt ja zu bedenken, „daß der Tempelkult für Israel wahrhaft *ein himmlisches* Geschenk war, durch das Gott sein Volk vor den Folgen seiner Sünden und Vergehen retten wollte".

„Wenn Jesus begann, die Händler und Käufer aus dem Tempel hinauszutreiben, und wenn er die Tische der Geldwechsler und Taubenhändler umstieß, dann verging er sich an dem, was als einziges den Bestand des Volkes Gottes sichern konnte."[46]

Daß Jesus sich damit die Priesterschaft des Tempels zum Erzfeind machen mußte, liegt auf der Hand. So werden in den Passionsberichten der Evangelien unter den Gegnern Jesu, die seine Festnahme, seine Auslieferung an die Römer und seine Hinrichtung betreiben, einmütig an erster Stelle die Hohenpriester genannt. Die *Hohenpriester* und Schriftgelehrten sind es, die danach trachten, Jesus festzunehmen und zu töten (Mk 14,1 par.). Judas Iskariot geht zu den Hohenpriestern, um Jesus an sie zu verraten (Mk 14,10 par.). Mit einer Schar „von den Hohenpriestern und Schriftgelehrten und Ältesten" kommt Judas, um Jesus festnehmen zu lassen (Mk 14,43 par.). Einer der Jünger Jesu schlägt „nach dem Knecht des Hohenpriesters" (Mk 14,47 par.). So wird denn Jesus zuerst zum Hohenpriester geführt (Mk 14,53 par.). Der Hohepriester provoziert das Urteil des Hohen Rates, Jesus sei des Todes schuldig (Mk 14,63f par.). Petrus verleugnet Jesus vor einer Magd des Hohenpriesters (Mk 14,66ff par.). Die Ho-

---

[45] E. Schweizer, Das Evangelium nach Lukas, Göttingen 1982, 200f.
[46] M. Limbeck, Markus-Evangelium, Stuttgart ²1985, 164–168.

henpriester und mit ihnen der ganze Hohe Rat liefern Jesus dem Pilatus aus (Mk 15,1 par.). Vor ihm klagen ihn die Hohenpriester an (Mk 15,3 par.) und wiegeln das Volk auf, seine Kreuzigung zu fordern (Mk 15,11 par.). Die Hohenpriester verspotten den Gekreuzigten (Mk 15,31 par.). Und nach dem Matthäusevangelium waren es noch einmal die Hohenpriester, die sich an Pilatus wandten, um eine Grabwache zu erbitten (Mt 27,62–65), und die den Soldaten Geld gaben, damit sie aussagten, die Jünger Jesu hätten seinen Leichnam gestohlen (Mt 28,11–15).

So gilt es heute als *opinio communis*, daß die Priesterschaft des Tempels für den Tod Jesu verantwortlich ist. Und da sich diese aus der Partei der Sadduzäer rekrutierte, waren es die Sadduzäer und nicht die Pharisäer, die Jesus dem Kreuzestod auslieferten.[47]

Die Evangelien sagen nichts darüber, daß Jesus an der Tempelliturgie teilgenommen hätte. Hingegen ist ihnen wichtig, daß er zum *Synagogengottesdienst* ging, der ein reiner Wortgottesdienst war, und daß er sich aktiv daran beteiligte (Lk 4,16ff). Es war ein umwälzendes Ereignis, daß in der tempellosen Zeit des babylonischen Exils spontan diese neue Form des Gottesdienstes aufkam, der ohne Opfer aus Gebet und Lehre bestand. Dadurch wurde das Judentum auf eine spätere Zeit vorbereitet, in der es ohne Tempel und ohne Opfer seine Gottesdienste mit Lob und Dank, Lehre und Gesang gestalten mußte. Auch wenn nach dem Exil der Tempel auf den Ruinen neu erbaut und der Opferkult wieder in Gang kam, so beherrschte er doch nicht mehr allein das Feld. Der Gottesdienst der Synagoge kam den Bedürfnissen der einheimischen Judenheit, vor allem aber der Diaspora unvergleichlich mehr entgegen. Zur Zeit Jesu hatte bereits jede größere Judengemeinde nicht nur in Palästina, sondern im ganzen Mittelmeerraum ihre Synagoge.

Der Synagogengottesdienst „war der erste, der, völlig losgelöst vom Opfer, als Gottesdienst mit dem Herzen (*'abodah schel balleb*) bezeichnet werden durfte. Er hatte sich aber ebenso von allen

---

[47] „Les prêtres en chef et le grand prêtre, qui étaient Sadducéens, sont les responsables de la mort de Jésus (J. Le Moyne, Les Sadducéens, Paris 1972, 404).

anderen Äußerlichkeiten, von besonderen geweihten Andachts-
stätten und Priestern wie überhaupt von allem Beiwerk befreit, er
war ein rein geistiger Gottesdienst und konnte, da zu seiner Einrichtung nichts weiter gehörte als der Wille einer verhältnismä-
ßig kleinen Gemeinde, mit Leichtigkeit über die ganze Welt ver-
breitet werden. Er war ferner der erste Gottesdienst, der mit
großer Regelmäßigkeit stattfand; nicht nur an Sabbaten und Festen, sondern an allen Tagen des Jahres wurde er gehalten, und so
verlieh er dem ganzen Leben eine tiefe Weihe, die um so nachhal-
tiger wurde, als das tägliche Gebet, Morgen- und Abendandacht,
durch den Brauch der Gemeinde sich gar bald auch zur Gewohn-
heit des einzelnen ausbildete, selbst wenn er sich nicht unter der
Gemeinde befand."[48]

Wenn dieser Rückblick des zuständigen Fachmanns zutrifft,
dann mußte der Synagogengottesdienst voll und ganz den Intentionen Jesu entsprechen. Kein Wunder also, daß er die Synagoge
zu dem bevorzugten Ort seiner Lehre machte. Er lehrte in seinem
Heimatort Nazaret (Lk 4,15), aber auch in Kafarnaum (Mk 1,21)
und den Synagogen überhaupt (Mt 4,23 9,15 par.). Weil es ihm
ausschließlich um die Lehre ging, machte er selbst den Tempel,
das *Schlacht*haus, zu seinem *Lehr*haus. Noch und noch bezeugt
die evangelische Überlieferung, er habe im Tempel *gelehrt*. „Er
lehrte täglich im Tempel" (Lk 14,49), „Jesus ging hinauf in den
Tempel und lehrte" (Joh 7,14, vgl. 7,28; 8,20). Denen, die ihn
festnehmen, hält er entgegen: „Täglich war ich bei euch im Tempel und lehrte" (Mk 14,49). Vom Hohenpriester über seine Lehre
befragt, erwidert er: „Ich habe stets im Tempel und in der Synagoge gelehrt" (Joh 18,20). Deutlicher könnte Jesus sein Desin-
teresse am Opferkult nicht zum Ausdruck bringen. An dessen
Stelle tritt die *Verkündigung des Wortes*.

Für Jesu neues Verständnis vom Gottesdienst ist sein Gespräch
mit der Samariterin (Joh 4) besonders aufschlußreich. Ihr gegenüber definiert er ihn als „Anbetung im Geist und in der Wahr-
heit" (4,23 f), die weder an den Zion, den heiligen Berg der Juden,
noch an den Garizim, den heiligen Berg der Samariter, gebunden

---

[48] I. Elbogen, Der jüdische Gottesdienst in seiner geschichtlichen Entwicklung, Frankfurt/Main ³1931; Nachdruck: Hildesheim 1962, 1f.

ist. Seine Mitte ist allein das Wort, und dieses ist für Johannes gleichbedeutend mit der Person Jesu (1, 14). Es ist ja ein Hauptanliegen des ganzen Johannes-Evangeliums, die Beziehung zwischen dem urchristlichen Gottesdienst und dem historischen Leben Jesu herzustellen.[49] So wie die Gemeinde zur Zeit des Evangelisten ihren Gottesdienst feiert, so ist er von Jesus gewollt. Auf keinen Fall kann somit dieser Gottesdienst eine Fortsetzung des Priestergottesdienstes im Tempel sein.[50]

Besonders erhellend ist in diesem Zusammenhang Jesu Wort vom Wein und von den Schläuchen: „Niemand füllt neuen Wein in alte Schläuche. Sonst zerreißt der Wein die Schläuche; der Wein ist verloren, und die Schläuche sind unbrauchbar. Neuer Wein gehört in neue Schläuche" (Mk 2, 22 par.). Jesus warnt davor, sein Wirken als bloße Korrektur der bisherigen jüdischen Religion zu verstehen. Das Neue kann nicht einfach in das Alte integriert werden.[51]

Deshalb hat Jesus auch die dogmenhafte Unterscheidung zwischen Rein und Unrein, die das jüdische Denken bis heute bestimmt und beunruhigt, für nichtig erklärt. Nichts, was in den Menschen *hinein*geht, ist unrein, sondern nur, was aus dem Herzen des Menschen *heraus*kommt (vgl. Mk 7, 15).[52] Jesus hebt die Grenze zwischen sakral und profan auf. Ihm kommt es nur auf das Herz, auf die Gesinnung an. Darin gleicht seine Lehre anderen großen Religionen, etwa dem Buddhismus, die den Kern aller religiösen Haltung im Herzen des Menschen sehen.

Freilich kommt noch ein Moment hinzu, das in diesem Zusammenhang nicht zu übersehen ist: die *Naherwartung*. Wir können Jesu Haltung zu Tempel und Kultwesen davon nicht loslösen. Er erwartet, die Herrschaft Gottes werde in Kürze mit Macht her-

---

[49] Cullmann: Urchristentum, 33 f.
[50] Vgl. ebd., 54 f.
[51] Hahn, 18.
[52] „Wer bestreitet, daß die Unreinheit von außen auf den Menschen eindringt, trifft die Voraussetzungen und den Wortlaut der Thora und des Moses selbst. Er trifft darüber hinaus die Voraussetzungen des gesamten antiken Kultwesens mit seiner Opfer- und Sühnepraxis" (E. Käsemann, zitiert bei Hahn, 20).

einbrechen: „Wahrlich, ich sage euch: Es sind einige der hier Stehenden, die den Tod nicht schmecken werden, bis sie das Reich Gottes in Macht kommen sehen" (Mk 9,1). Dieses Wort muß auf Jesus selbst zurückgehen, denn vierzig Jahre nach seinem Tod konnte es nicht mehr aus der Gemeinde stammen, weil es ja überholt war. Wenn aber Jesus vom nahen Ende überzeugt war, konnte er nicht daran denken, ein Kirchensystem, eine Kultordnung und eine Hierarchie aufzubauen oder auch nur zu planen.

Da freilich unter jüdischem Einfluß auch in der Jüngerschaft Jesu sehr bald ein Ständedenken Einzug hielt, mahnt Matthäus seine Gemeinde: „Ihr sollt euch nicht Rabbi nennen lassen. Denn nur einer ist euer Meister, ihr alle aber seid Brüder" (23,8). Nur dann kann die Jüngergemeinde Jesu bestehen, „wenn sie sehr konsequent allen Formen in ihrem Leben widersteht, die sie vergessen lassen könnten, daß allein Christus ihr Lehrer und nur Gott ihr Vater ist".[53]

Auch für Paulus haben die Tempelopfer Jesu ihre Funktion verloren. Er sieht im Kreuz Christi das zwischen Himmel und Erde aufgerichtete Sühnemal und Sühneopfer (Röm 3,25).[54] Wenn man außerdem bedenkt, daß Paulus, wie angenommen wird, hier aus älterer palästinischer Tradition schöpft, die nicht nur auf den Tod Jesu, sondern auch auf das Abendmahl bezogen war[55], erscheint das völlig Neue des christlichen Gottesdienstes gegenüber dem Tempelkult in um so hellerem Licht.

In der Tat ist für Paulus das Opfer, das vom Christen erwartet wird, von ganz anderer Art: „Ich ermahne euch, ... *euren* Leib als lebendiges, Gott wohlgefälliges Opfer hinzugeben. Das sei euer vernünftiger Gottesdienst [*logike latreia*]" (Röm 12,1). Vielleicht dürfen wir so kühn sein, *logike latreia* sogar mit „Wortgottesdienst" zu übersetzen. Jedenfalls setzt Paulus den christlichen Gottesdienst in betonten Gegensatz zum jüdischen. Die Christen sollen *ihren* Leib (nicht den Leib von Tieren) als *lebendiges* Opfer

---

[53] M. Limbeck, Matthäus-Evangelium, Stuttgart 1986, 267.
[54] K. H. Schelkle, Meditationen über den Römerbrief, Einsiedeln 1962, 61.
[55] O. Michel, Der Brief an die Römer, Göttingen ⁴1966; J. Blank, in: P. Eicher, Neues Handbuch Theologischer Grundbegriffe IV, München 1991, 373.

darbringen (statt *toter* Tiere). Wahrer Gottesdienst ist Hingabe des Leibes und des Lebens.

Was mit *logike latreia* gemeint ist, wird verdeutlicht durch die Parallelstelle 1 Petr 2, 5, die von *pneumatikai thysiai* spricht, von „geistigen" Opfern und lebendigen Steinen für ein geistiges Haus. Der Christ gibt seinen Leib hin (nicht seine Seele!). Paulus geht jedoch noch weiter. Gottesdienst ist für ihn nicht nur die Hingabe des Leibes, sondern vor allem die *Verkündigung des Evangeliums*. Mit großem Nachdruck spricht der Apostel vom *Gottesdienst des Evangeliums*, den er vollzieht. In Röm 1, 9 erklärt er, er verrichte „mit seinem (eigenen) Geist" den Priesterdienst am Evangelium Christi. Gemeint ist damit nicht, daß Paulus sich in der Verkündigung des Evangeliums als Priester versteht. Vielmehr tritt die Verkündigung an die Stelle des Tempelkultes. Paulus verwendet hier das Wort *latreuo*, das im griechischen Alten Testament (der Septuaginta) und im Neuen Testament vom jüdischen Tempelgottesdienst gebraucht wird, und setzt ihm das Evangelium entgegen.

Noch bedeutsamer ist Röm 15, 16. Hier sagt Paulus von sich, er verrichte als Liturge Christi Jesu *(leiturgos Christou Jesou)* „den Priesterdienst am Evangelium, damit die *Darbringung der Völker* Gott wohlgefällig werde". Damit stellt er die ganze jüdische Kultterminologie förmlich auf den Kopf: Priesterdienst besteht in der Verkündigung des Evangeliums. Die Opfergabe sind die Völker, die für das Evangelium gewonnen werden.[56]

---

[56] Hahn, 35. Dem steht nicht im Weg, daß schon das Judentum eine Vergeistigung der Opferterminologie kannte (s. o. S. 49–51) und daß für das Gebet und den Lehrvortrag der gleiche Ausdruck *'abodah* verwendet werden konnte wie für den Altardienst (O. Michel, Der Brief an die Römer [Anm. 55] zu 15, 16).

4

Der früheste christliche Gottesdienst

(1) Das Mahl mit dem auferstandenen Herrn

So hat sich denn der christliche Gottesdienst von Anfang an radikal vom jüdischen abgesetzt. Freilich bezeugt die Apostelgeschichte auch, die aramäisch sprechende Jerusalemer Urgemeinde habe weiterhin an den traditionellen Formen jüdischer Religiosität festgehalten, vor allem seit der Herrenbruder Jakobus die alleinige Leitung der Jerusalemer Gemeinde übernommen hatte. Sie „verharrten im Tempel" – daß sie am Gottesdienst teilnahmen, wird freilich, wie bei Jesus, nicht gesagt –, hielten sich an die Speisegesetze, praktizierten die Beschneidung.[57] Hinzu kam freilich auch schon das „Brotbrechen" in den eigenen Häusern. Widerstand erwuchs ihnen von den griechisch sprechenden Judenchristen, den „Hellenisten". Ihrem gewaltigen Wortführer Stephanus werfen die Juden vor, er rede unaufhörlich gegen den Tempel und das Gesetz (Apg 6, 13 f). Aber es waren ganz sicher diese Hellenisten, die die Enge der aramäischen Judenchristen durchbrachen. Ihnen haben wir es zu verdanken, daß die Religion Jesu zu einer Weltreligion werden konnte, in der es weder Opfer noch Beschneidung noch Speisevorschriften gab.

So unterschied sich der christliche Gottesdienst vom jüdischen wie der Tag von der Nacht. Er findet nicht an einem sakralen, sondern an einem profanen Ort statt. Von Priestern und Opfern ist keine Rede. Selbst wenn Tempelpriester sich der Jüngerschaft Jesu angeschlossen haben sollten, traten sie als solche nicht in Erscheinung. Gewiß kann man einwenden, eine neue Form des jüdischen Gottesdienstes, ohne Tempel und Opfer, sei bereits durch den Synagogengottesdienst vorbereitet worden, der ein bloßer Wortgottesdienst war. Indes ist der urchristliche Gottesdienst doch wiederum kein bloßer Wortgottesdienst. Vielmehr spielt dabei das *Mahl* eine entscheidende Rolle, das der Synago-

---

[57] Limbeck, 51 f.

60

gengottesdienst nicht kennt. Für diese Mahlzeiten wird der eigentümliche Ausdruck „Brotbrechen" gebraucht, der im profanen Griechisch kaum vorkommt, seinen Sitz vielmehr im jüdischen Brauchtum hat. In den Evangelien bezeichnet er einen typischen Gestus Jesu, sowohl in den Berichten über die Brotvermehrung (Mk 6,41; 8,6 [schon liturgisch gefärbt]), als auch über das Abendmahl (Mk 14,22: „Er nahm das Brot, sprach den Lobpreis, brach es und gab es ihnen", so in allen vier Einsetzungsberichten). Dieselbe Redeweise findet sich auch beim Mahl Jesu mit den Jüngern in Emmaus (Lk 24,30).

In ihren Mahlgottesdiensten knüpft die Urgemeinde offensichtlich an die Mahlzeiten an, die Jesus besonders nach seiner Auferstehung mit den Jüngern hielt. [58] An die Stelle der Gegenwart Jahwes im Tempel tritt jetzt die Gegenwart des auferstandenen Herrn. Er ist und bleibt, jetzt wohl unsichtbar, der Gastgeber. Er steht dem Mahl vor. Dabei ist zu bedenken, daß besonders für orientalisches Verständnis der Gastgeber seinen Gästen nicht nur Speise und Trank schenkt. Er schenkt ihnen vor allem seine Gegenwart und damit sich selbst. [59]

Dieser Zusammenhang zwischen Auferstehung und Herrenmahl wird besonders in der Petrusrede in Joppe hervorgehoben: „Diesen Christus hat Gott am dritten Tag auferweckt und erscheinen lassen nicht vor allem Volk, sondern vor den vorherbestimmten Zeugen, *vor uns, die wir mit ihm gegessen und getrunken haben nach seiner Auferstehung von den Toten"* (Apg 10,41). Während die junge Gemeinde noch zum *Gebet* in den Tempel geht, hält sie „zu Hause" *(kat' oikon)* ihren Mahlgottesdienst, und dies mit „Jubel" *(agalliasis)*, ein Wort, das man geradezu mit „ausgelassene Freude" übersetzen könnte (Apg 2,46). [60] Wie stark diese eucharistischen Mahlfeiern im Zeichen der

---

[58] Cullmann: Urchristentum, 14f.
[59] Vgl. ausführlich: Söding, 157–163. – Den christlichen Kirchen wäre – bis zum heutigen Tag – viel Gezänk erspart geblieben, hätten sie auf die Diskussion verzichtet, in welcher Weise Jesus in der Eucharistie gegenwärtig sei. Könnten wir uns darauf einigen, daß wir schlicht und einfach mit ihm das Mahl halten, wie es seine Jünger taten, und er dabei anwesend ist, hätte aller Streit ein Ende.
[60] Cullmann: Urchristentum, 14.

Auferstehung stehen, zeigt auch der Wochentag, an dem sie begangen werden. Zwar hören wir in der Apostelgeschichte, man sei *täglich* in den Häusern zusammengekommen (2, 46). Vorzugsweise aber geschieht dies am ersten Tag der Woche (Apg 20, 7; 1 Kor 16, 2), der auch „Herrentag" genannt wird (Offb 1, 10; Apost. Väter, z. B. Did 14, 1). In bewußter Absetzung vom Judentum haben „die ersten Christen den ersten Tag der Woche ausgesondert, denn an diesem Tag war Christus auferstanden, und an diesem Tag war er den beim Mahl versammelten Jüngern erschienen".[61] So ist für sie jeder Herrentag ein Osterfest.

(2) Eucharistie in der Didache

Diese christliche Mahlfeier wird uns außerhalb des Neuen Testaments erstmals von der „Lehre der Zwölf Apostel" oder *Didache* und vom Märtyrer Justin bezeugt. Die *Didache* ist ein von der Praxis ausgehendes und für die Praxis bestimmtes, griechisch geschriebenes Kirchenreglement aus dem Beginn des 2. Jahrhunderts, in dem sich aber sehr archaische judenchristliche Traditionen niedergeschlagen haben. Seine Heimat scheint der syrisch-palästinische Raum zu sein.

Von den vier Teilen (oder Themen) dieser Schrift interessiert uns hier der zweite (7, 1–10, 7), und darin wieder die Ausführungen über das Gemeindemahl (9, 1–10, 7). Sie sind das älteste uns bekannte Formular des christlichen Herrenmahls und deshalb für die Geschichte der Eucharistie von grundlegender Bedeutung.[62] Eine Einschränkung erfährt sie freilich durch die, wie anzunehmen ist, nur lokalkirchliche Geltung des Reglements.

Das Verständnis der Perikope wird überdies dadurch erschwert, daß nicht die gesamte Feier vorgestellt wird, sondern lediglich bestimmte Gebete mitgeteilt werden. Und diese sind nicht Bestandteil der Mahlfeier selbst. Vielmehr haben wir es mit einem

---

[61] Cullmann, ebd.; W. Rordorf, Der Sonntag. Geschichte des Ruhe- und Gottesdiensttages im ältesten Christentum, Zürich 1962; ders., La célébration de la Sainte Cène dans l'Eglise ancienne, Liturgie, 59–71.
[62] Für das Folgende vor allem Niederwimmer, 173–209.

Vor- und einem Nachtischgebet von unübersehbar jüdischer Prägung zu tun. Dabei begegnen wir auch erstmals in einer frühchristlichen Schrift dem Wort *eucharistia* für den christlichen Gottesdienst.

Das *Vortischgebet* lautet:[63]

(9.1) Was aber die Eucharistie betrifft, sagt folgendermaßen Dank.

(2) Zuerst zum Becher:[64]

Wir danken dir, unser Vater,
für den heiligen Weinstock Davids, deines Knechts,
den du uns geoffenbart hast durch Jesus, deinen Knecht.
Dir sei Ehre in Ewigkeit.

(3) Zum Brot aber:

Wir danken dir, unser Vater, für das Leben und
die Erkenntnis,
die du uns geoffenbart hast durch Jesus, deinen Knecht.
Dir sei Ehre in Ewigkeit.

(4) Und wie dies zerstreut war auf den Bergen
und gesammelt *ein* Brot wurde,
so möge gesammelt werden deine Kirche
von den Enden der Erde in dein Reich.
Denn dein ist die Ehre und die Kraft
durch Jesus Christus in Ewigkeit.

---

[63] Übersetzung im Wesentlichen nach Niederwimmer.
[64] Die Benediktion des Bechers *vor* der des Brotes entspricht nicht der Gepflogenheit „beim jüdischen Gastmahl ante mensam" (Niederwimmer, 181), bei dem der Becher erst *nach* dem Mahl gesegnet wird, *vor* dem Mahl hingegen nur das Brot, wie auch im lukanisch/paulinischen Abendmahlsbericht. Die Reihenfolge Wein/Brot wird nur am Vorabend des Sabbats und der Feiertage (beim Kiddusch) eingehalten, was wiederum bestätigen würde, daß für die judenchristliche Gemeinde der Herrentag die Stelle des früheren Sabbats einnahm.

(5) Keiner aber esse und trinke von eurer Eucharistie,
außer den auf den Namen des Herrn Getauften.
Denn auch hierüber hat der Herr gesagt:
Gebt das Heilige nicht den Hunden!

Die Anweisung für das *Dankgebet* nach dem Mahl lautet:

(10, 1) Nach der Sättigung aber sagt folgendermaßen Dank:

(2) Wir danken dir, heiliger Vater,
für deinen heiligen Namen,
den du hast wohnen lassen in unseren Herzen,
und für die Erkenntnis, den Glauben und
die Unsterblichkeit,
die du uns geoffenbart hast durch Jesus, deinen Knecht.
Dir sei Ehre in Ewigkeit.

(3) Du, Herr, Allherrscher,
hast alles geschaffen um deines Namens willen.
Speise und Trank hast du den Menschen gegeben
zum Genuß,
damit sie dir danken.
Uns aber hast du geschenkt geistliche Speise und Trank
und ewiges Leben durch Jesus, deinen Knecht.

(4) Für alles danken wir dir, weil du mächtig bist.
Dir sei Ehre in Ewigkeit.

(5) Gedenke, Herr, deiner Kirche,
sie zu erretten von allem Bösen
und sie zu vollenden in deiner Liebe,
und führe sie zusammen von den vier Winden
in dein Reich, das du ihr bereitet hast.
Denn dein ist die Kraft und die Ehre in Ewigkeit.

(6) Es komme die Gnade und es vergehe diese Welt.
Hosanna dem Gott Davids.
Wenn einer heilig ist, komme er.
Wenn er es nicht ist, tue er Buße.
Maranatha. Amen.

Was aber war das für ein Mahl, das diese beiden Gebete umrahmen? Sicher war es ein Sättigungsmahl. Indes fällt es schwer, darin ein eucharistisches Mahl zu sehen. Es fehlt jeder Bezug zur Stiftung durch Jesus (Einsetzungsbericht), zu seinem Leib und Blut, zu seinem Tod.[65] Andererseits kann die Aufforderung am Ende des Dankgebetes „Wenn einer heilig ist, komme er" (10, 6) schwerlich anders verstanden werden denn als Einladung zum eucharistischen Mahl.[66]

Indes ist die Möglichkeit nicht auszuschließen, daß das Sättigungsmahl, dem das Vortisch- und das Dankgebet zugehören, selber das eucharistische Mahl war.[67] Das schon im Vortischgebet (9, 1.5) verwendete Wort *eucharistia* ist allerdings für dieses Verständnis nicht zwingend, da es – in einem umfassenderen Sinn als im heutigen kirchlichen Sprachgebrauch – als Überschrift über die ganze Feier verstanden werden kann. Ein Rätsel bleibt dennoch, bei der einen wie bei der anderen Position, das absolute Schweigen über das eucharistische Mahl. Was wurde dabei gesprochen, wie verlief es, wer stand ihm vor? „An dieser Stelle bleibt also ein offenes Problem."[68] Eindeutig ist auf jeden Fall, daß der Gottesdienst der Didache wesentlich aus einem Mahl besteht, dessen Vollzug bei der Gemeinde liegt. Von einem Vorsitzenden ist keine Rede.

Beachtung verdient schließlich noch die Anweisung Did 14, 1: „Wenn ihr am Herrentag zusammenkommt, dann brecht das Brot und sagt Dank, nachdem ihr vorher eure Übertretungen bekannt habt, damit euer Opfer rein sei." Hieraus ist abgeleitet worden, die Eucharistie werde in der Didache als Opfer verstanden. Das Umfeld der Anweisung ist jedoch nicht die Eucharistie,

---

[65] Freilich H. J. Vogt, ThQ 175 [1995], 194: Ein Abendmahlsbericht war nicht unerläßlich.

[66] Rordorf, in: Rordorf/Tuilier: Doctrine, 38–48; L'eucharistie des premiers chrétiens = Liturgie, 187–208; Mahlgebete (im Druck); Niederwimmer, 173–180.

[67] So Wengst: „Die Eucharistie ist ein Sättigungsmahl, und das Sättigungsmahl, bei dem diese Gebete gesprochen werden, ist eine Eucharistie" (45). Auf eine strenge Scheidung verzichtet auch Riggs. Winterswyl verlegt die eucharistische Kommunion *vor* das Sättigungsmahl (63). Zum neuesten Stand der Diskussion: Rordorf, Mahlgebete.

[68] Niederwimmer, 182.

vielmehr geht es um das Thema Beichte und Versöhnung. Der Ausdruck „damit euer Opfer rein sei" setzt voraus, daß man vorher die Übertretungen bekannt hat. Er bezieht sich auf die dabei gesprochenen Gebete: *Diese* sollen ein reines Opfer sein[69], Opfer natürlich wieder im geistigen Sinn zu verstehen.

Bemerkenswert ist, wie erwähnt, daß bei der ganzen Feier keine Liturgen in Erscheinung treten. Es liegt indes nahe, diese im Bereich der (wandernden oder seßhaft gewordenen) „Propheten" und „Lehrer" zu suchen. Darüber hinaus aber wird die Gemeinde aufgefordert, deren (sich offenbar verkleinernden) Kreis durch von ihr *gewählte* feste Amtsträger, Episkopen und Diakone, zu ergänzen und ihnen den gleichen Respekt zu zollen wie den Propheten und Lehrern. „Wählt euch Episkopen und Diakone, die des Herrn würdig sind, Männer, die mild sind, nicht geldgierig, wahrhaftig und bewährt. Denn auch sie dienen euch mit dem Dienst der Propheten und Lehrer" (15, 1).

Das läßt vermuten, daß die Episkopen und Diakone am Anfang Mühe hatten, sich gegenüber den Propheten und Lehrern Anerkennung zu verschaffen. Sie sind ortsansässig und kommen, im Unterschied zu den Propheten und Lehrern, selbst für ihren Lebensunterhalt auf, üben also offenbar einen profanen Beruf aus. Aus ihrer Funktion im Kult darf „nicht auf ein Gegenüber von ‚Kultusbeamten' und ‚Laien' geschlossen werden".[70] Vor allem bleiben Verantwortung und Entscheidung bei der Gemeinde. Die Bischöfe und Diakone werden von der Gemeinde *gewählt*. „Die Didache kennt noch keine ausgebildete Hierarchie; Leitungsfunktionen sind noch nicht zu Instanzen institutionalisiert; die höchste Instanz in der Gemeinde ist die Gemeinde selbst."[71]

(3) Gottesdienst bei Justin

Eine veränderte Situation finden wir in der Mitte des 2. Jahrhunderts beim Apologeten und Märtyrer JUSTIN vor. Dieser stammte aus der römisch-palästinischen Stadt Flavia Neapolis.[72] Er wurde

---

[69] Wengst, 53–57.
[70] Wengst, 42.
[71] Wengst, 36; vgl. auch von Campenhausen: Kirchliches Amt, 78–80.
[72] Heute Nablus, die größte arabische Stadt in Israel.

66

„Philosoph", kam aber zur Erkenntnis, daß das Christentum die einzige wirklich zuverlässige und nützliche Philosophie sei. So kann er es, sich des Stils der heidnischen Philosophen bedienend, wagen, in einer an den römischen Kaiser gerichteten „Apologie"[73] den christlichen Glauben gegen die Anschuldigungen der Heiden zu verteidigen und sich im „Dialog mit Trypho" mit dem Judentum auseinanderzusetzen. In der „Apologie" bietet Justin eine zweifache Beschreibung der Eucharistie: zunächst jener, die sich an die Tauffeier anschloß (Kap. 65), sodann der sonntäglichen Eucharistie (Kap. 67). Die Sonntagseucharistie beschreibt Justin so: „An dem Tag, den man Sonntag nennt, findet eine Versammlung aller statt, die in Stadt oder Land weilen. Dabei werden die Denkwürdigkeiten der Apostel oder die Schriften der Propheten vorgelesen, solange es angeht. Wenn dann der Vorleser aufgehört hat, so hält der Vorsteher eine Ansprache, in der er ermahnt und auffordert, diesen guten Lehren nachzueifern.

Darauf erheben wir uns alle und beten. Und ... nach dem Gebete wird Brot, Wein und Wasser hergebracht, der Vorsteher spricht Gebete und Danksagungen, soviel er vermag, und das Volk stimmt bei mit seinem ‚Amen'. Und nun wird jedem von den eucharistischen Gaben ausgeteilt und den Abwesenden durch die Diakone gebracht. Die Wohlhabenden und die wollen, geben nach freiem Ermessen, und das Eingegangene wird beim Vorsteher hinterlegt, der damit den Waisen und Witwen zuhilfe kommt, auch denen, die durch Krankheit oder sonst einen Grund in Not geraten sind, den Gefangenen und den Fremdlingen, die vorübergehend verweilen, kurz, er ist allen, die in Not sind, ein Fürsorger."

Die ganze Feier wird von einem „Vorsteher" (proestōs) geleitet. Er hält auch die Ansprache im Wortgottesdienst, der der Eucharistie voraufgeht. Von einem Einsetzungsbericht ist auch hier nicht die Rede.[74] Sogleich nach den wortreichen Gebeten und

---

[73] Es ist üblich, von zwei Apologien zu sprechen; diese bildeten jedoch ursprünglich eine Einheit.
[74] Freilich referiert Justin im Zwischenkapitel 66 als Schriftbeleg dafür, daß die Eucharistie wahrhaft Fleisch und Blut Christi sei, frei [aus dem Ge-

Danksagungen wird von den „eucharistischen Gaben" *(tōn eu-charistethentōn)* ausgeteilt und den Abwesenden durch Diakone gebracht.

Justin läßt jedoch keinen Zweifel, daß die „eucharistischen Gaben" der Leib und das Blut des Herrn sind *(sarx* und *haima)*. Zwar betrachtet er die Eucharistie als *Gedächtnis* des Todes Jesu. Wenn er aber darin zugleich die Erfüllung des vom Propheten Maleachi (1, 10–12) verheißenen, allüberall dargebrachten reinen Opfers sieht[75], wird die Eucharistie unausweichlich selbst zum Opfer. Das Thema wird uns noch beschäftigen. Für die Entwicklung der Priesterideologie ist es von grundlegender Bedeutung.

(4) Der unpriesterliche Hebräerbrief

Zuvor aber ist nochmals ein Blick zurück auf das Ende des 1. Jahrhunderts geboten. Verkündigung des Wortes und Hingabe des Lebens statt Opferkult und Priestertum, wesentlich aber auch Haus- und Gemeindemahl mit dem auferstandenen Herrn kennzeichnen den christlichen Gottesdienst des 1. Jahrhunderts. Es muß überraschen, daß gegen Ende desselben Jahrhunderts eine neutestamentliche Schrift, der *Hebräerbrief,* nur das eine, nicht aber das andere zu kennen scheint. Von allen Schriften des Neuen Testaments erteilt keine andere jedem Priestertum nach Christus eine so dezidierte Absage.

Das Schreiben richtet sich an eine in ihrem Glauben angefochtene judenchristliche Gemeinde, in der sich möglicherweise eine Nostalgie nach dem Judentum und seinem Tempel und Kult breitmachte. Deshalb stellt der Verfasser der alten Ordnung die mit Jesus angebrochene neue Ordnung gegenüber. Der alte Bund ist durch den neuen Bund abgelöst. Diese Ablösung gilt vor allem

---

dächtnis?] den Einsetzungsbericht. „Tatsächlich … scheint mit diesen Worten ungewollt eine liturgische Formel, wahrscheinlich aus der römischen Kirche, überliefert worden zu sein" (O. Perler, Logos und Eucharistie nach Justinus I. Apol. c. 66, in: Sapientia et Caritas. Gesammelte Aufsätze, Freiburg/Schweiz 1990, 471–491; 477).
[75] Munier, 135–141.

dem *Priestertum*. Dem wechselnden Priestertum des Alten Bundes steht die Einmaligkeit des Priestertums Jesu gegenüber. Als Hoherpriester ist Christus eingegangen in das „größere und vollkommenere, nicht mit Händen gemachte Zelt" (9,11), die an ihn Glaubenden wie eine liturgische Prozession anführend „zu dem Berg Zion und zu der Stadt des lebendigen Gottes, zum himmlischen Jerusalem und zu der Festversammlung und Gemeinde der Erstgeborenen (12,22 f), wovon der alte Kult nur ein Gleichnis war (9,9; 10,1 f). Durch die Hingabe seiner selbst hat Jesus sein Werk vollendet. Das bedeutet, daß es fortan keine anderen Opfer und somit auch kein Priestertum mehr geben kann (7,27; 9,12; 10,11–18).[76]

Sollen wir uns angesichts eines so „unpriesterlichen" Kultverständnisses wundern, wenn wir im Hebräerbrief auch einer durchaus „unpriesterlichen" Gemeindeleitung begegnen? Die Gemeindeleiter werden, wie wenig später bei Justin, mit dem durchaus profanen Wort *hegoumenoi*, „Vorsteher", bezeichnet. Sie erscheinen als mit der Leitung Beauftragte, die die Gemeinde kollegial und ohne monarchische Spitze führen und denen eine „hohe Autoritätsstellung in der Gemeinde" zukommt.[77] Sie sind für die Wortverkündigung zuständig (13,7) und tragen als Seelsorger die Verantwortung für das Heil der Gläubigen (13,17). Durch ihren Lebenswandel, vor allem ihren Glauben, sind sie für die Gemeinde das verpflichtende Beispiel (13,7). Kultische Funktionen hingegen werden ihnen keine zugeschrieben.[78] Der Gottesdienst besteht in der *akoe tou logou*, im „Hören des Wortes" (2,1; 3,7.15; 4,2.7; 5,11). Von einer Eucharistie ist keine Rede. Sie

---

[76] Vgl. O. Michel, Der Brief an die Hebräer, Göttingen [7]1975, bes. 43–50; P.-M. Beaude, DBS X, 1318–1334 (Sacerdoce, dans 1,épître aux Hébreux).

[77] Grässer, 70 (auch zum folgenden).

[78] Vgl. H.-F. Weiss, Der Brief an die Hebräer, Göttingen 1971, 712: „Eine ‚hierarchische' Struktur des kirchlichen Amtes deutet sich also in dieser ursprünglich profanen und im einzelnen vielfältig gebrauchten Amtsbezeichnung nicht an, eher vielmehr dann schon eine bewußte Absage an ein (das Hohepriestertum Christi vermittelndes) Priestertum innerhalb der christlichen Gemeinde. Sofern jedenfalls der jeweilige Kontext darüber entscheidet, was *hegoumenos* konkret bedeutet, ist im Hebr ein hierarchisch-priesterlicher Charakter des gemeindeleitenden Amtes ausgeschlossen."

hat für den Verfasser des Hebräerbriefs weder eine „glaubenssichernde Bedeutung" noch kündigt sich in ihr gar ein Ersatz für die früheren kultischen Opfer an.[79]

Wie aber konnte eine solch unpriesterliche Kirche zur Kleruskirche werden? Es waren weitgehend unevangelische Faktoren, die dazu beitrugen.

---

[79] Weiss, 724–729, 738–741

Exkurs

Kennt das Neue Testament ein „allgemeines Priestertum" der Gläubigen?

Als die eigentliche Auszeichnung des Laien wird in den Konzilsdokumenten seine Teilnahme am allgemeinen Priestertum hervorgehoben, selbst wenn dieses vom sakramentalen Priestertum wesensverschieden sei (s. o. S. 23).[1] Damit stellt sich unvermeidlich die Frage, wie weit sich diese Lehre auf das Neue Testament berufen kann. Ihre einzige Stütze[2] ist die bekannte

---

[1] Mit der Lehre vom allgemeinen Priestertum greift das Konzil – wie weit bewußt, sei dahingestellt – ein fundamentales Anliegen der Reformation auf. Luther ging es dabei „keineswegs nur um eine antiklerikale Kampfparole". Für ihn „verband sich mit der Entdeckung des allgemeinen Priestertums, wie er es verstand, vielmehr eine neue Sicht der Kirche. Die ‚innere Verfassung der Kirche' ist nicht die Hierarchie, sondern ‚das allgemeine Priestertum der Christen füreinander'" (Barth, 29 f). Dabei beruft sich der Reformator weniger auf einzelne Schriftstellen wie 1 Petr 2, 5.9 und Offb 5, 10 als auf das gesamte biblische Zeugnis (Barth, 33). Freilich hat nach Barth „die ekklesiologische Einsicht Luthers, die sich in seiner Rede vom allgemeinen Priestertum niedergeschlagen hatte, ... den gegenwärtigen Protestantismus nur partiell erreicht" (16). Dies liegt nicht zuletzt an der Unsicherheit der Terminologie: „Allgemeines Priestertum ... muß sich an dem orientieren, was ‚Priestertum' bedeutet" (18). Wie wir sahen (s. o. S. 24 f), hat sich auch das 2. Vatikanum damit nicht leicht getan.

[2] Die in diesem Zusammenhang immer wieder zitierten Stellen Offb 1, 6; 5, 10; 20, 6 tragen für unsere Fragestellung schon deshalb nichts aus, weil für den Verfasser der Apokalypse die Christen „die ihnen durch die Erlösung verliehene herrscherliche und priesterliche Würde und Vollmacht erst ausüben (werden), wenn sie wie Christus im Tode gesiegt und die Versuchung und Aufforderung zur Proskynese vor dem Tier und seinem Bild bestanden haben. ... Der Priesterbegriff ist somit in der Apk weder durch den Mittler- noch durch den Opfergedanken bestimmt. Vielmehr ist er geprägt durch den Gedanken des ‚Sich-Gott-Nahen-Dürfens'. Damit ist verständlich, warum von den irdischen Christen, die in der Taufe zu Priestern eingesetzt wurden, keine priesterlichen Funktionen ausgesagt werden kön-

Stelle im 1. Petrusbrief 2,5–10, wo der Verfasser den Adressaten zuredet:

(V. 5) „Laßt euch als lebendige Steine aufbauen zu einem geistlichen Haus, zu einer heiligen Priesterschaft, um geistliche Opfer darzubringen, die Gott durch Jesus Christus wohlgefällig sind. (V. 9) Ihr seid das auserwählte Geschlecht, die königliche Priesterschaft, das heilige Volk, das (Gott) eigene Volk, damit ihr die großen Taten dessen verkündigt, der euch aus der Finsternis in sein wunderbares Licht gerufen hat. (V. 10) Die ihr einst nicht Volk waret, seid jetzt Volk Gottes; einst ohne Erbarmen, habt ihr jetzt Erbarmen gefunden."

Unter Verwendung mehrerer Zitate aus dem Alten Testament spricht der ganze Text eine *Bildsprache*. Die Gläubigen sind „lebendige Steine", und als solche machen sie die Gemeinde zu einem „geistlichen Haus"[3]. Entsprechend sind die in diesem „Haus" (= Gemeinde) dargebrachten Opfer „geistliche Opfer"[4] und diejenigen, die sie darbringen, eine „heilige Priesterschaft". Die Tempelterminologie wird beibehalten, aber durch die Wendung ins Bildhafte ihres ursprünglichen Sinnes entkleidet.

Damit wird allem, was herkömmlich mit Tempel, Kult und Priestertum zusammenhängt, eine Absage erteilt. Es gibt keinen Tempel mehr, es gibt ihn nur noch im Bild, und ebenso gibt es keine Priesterschaft mehr, es gibt sie nur noch im Bild. Man verkennt diese Bildsprache, wenn man aus unserem Text ein reales Priestertum aller Gläubigen ableitet.[5] Das wird noch evidenter

---

nen." Dazu ausführlich: E. Schüssler Fiorenza, Priester für Gott. Studien zum Herrschafts- und Priestermotiv in der Apokalypse, Münster 1972; die beiden Zitate S. 419 f.

[3] Zu diesem Bild in Qumran und im Neuen Testament s. o. S. 50 f.

[4] Vgl. oben S. 58 f.

[5] „Dieses Wort will nicht gegenüber anderen Auffassungen von Priestertum jedem Getauften priesterliche Rechte und Funktionen, das ,allgemeine Priestertum', zusprechen – diese Intention trug die Reformation in die Stelle ein" (L. Goppelt, Der erste Petrusbrief, Göttingen 1978, 145 f). So auch N. Brox, Der erste Petrusbrief, Zürich/Neukirchen ⁴1993, 104–110, hier 105 f: „Der 1 Petr verwendet den Topos aus Ex 19,6 *basileion hierateuma* eindeutig als korporativ bezogene Chiffre für Erwählung, Aussonderung und ,Aufwertung' eines ,Volkes' durch Gott. Er verwendet sie dazu, wie schon seine Quelle (Ex 19,6), als Einheit, als pleonastische Doppel-Meta-

durch die Fortsetzung V. 9. Die Anrede „Ihr seid das auserwählte Geschlecht, die königliche Priesterschaft, das heilige Volk, das (Gott) eigene Volk" ist ein fast wörtliches Zitat von Ex 19,5 f:

(V. 5) „Wenn ihr auf meine Stimme hört und meinen Bund haltet, so sollt ihr aus allen Völkern mein Sondereigentum sein, denn mir gehört das ganze Land.

(V. 6) Und ihr sollt mir ein Königreich von Priestern sein und ein heiliges Volk."

Wir haben in Ex 19,5 f die im ganzen Alten Testament feierlichste, wohl aus einer Festliturgie stammende Proklamation der *Erwählung* Israels vor uns.[6] Diese Erwählung wird mit drei Begriffen umschrieben.

(a) Israel ist Jahwes Sondereigentum. Das hier verwendete Wort s^egullah bezeichnet den kostbaren persönlichen Besitz. Daß Israel durch Jahwes Heilstat und gnädige Zuwendung sein persönlicher Besitz geworden ist, im Unterschied zu den übrigen Völkern, gibt der Kontext zu verstehen (V. 4: „Ihr habt selbst gesehen, was ich den Ägyptern getan und wie ich euch auf Adlersflügeln getragen und euch hierher zu mir gebracht habe").

(b) Die Erwählung durch Jahwe macht Israel zur *mamleket kohanim*, zum „Königreich von Priestern". Der ganze Kontext, vor allem der folgende Parallelbegriff „heiliges Volk" läßt erkennen, daß bei den „Priestern" das *tertium comparationis* nicht ihre Funktion, sondern ihre *Nähe zu Gott* ist. „Ganz Israel ist gleichsam eine Priesterschaft, die sich um Jahwe als ihren König

---

pher für einen Sachverhalt des besonderen Status des Gottesvolkes. Die Auslegung verfehlt diesen Sinn, wenn sie beide auseinanderreißt und sich obendrein durch das Stichwort *hierateuma* legitimiert findet, für 1 Petr 2 eine Allegorisierung verschiedener Details aus Priestertumsvorstellungen auf die Christen, auf ihre ‚Würden', Aufgaben und womöglich auch ständischen Unterschiede oder Egalisierungen, durchzuführen. Teilhabe am Priestertum Christi (von dem 1 Petr nicht spricht), Verleihung dieser Teilhabe in der Taufe, dadurch gleiche Würde aller Christen unter Ein- oder Ausschluß eines besonderen (hierarchischen) Priestertums – das alles sind im Zusammenhang mit 1 Petr Probleme und Produkte späterer Auslegung, nicht schon dieser frühchristlichen Schrift selbst." So schließlich auch Roloff, 274 f.

[6] S. zum folgenden: Wildberger.

schart."[7] Wir haben es mit einer Metapher zu tun, und niemandem im alten Israel wäre es je eingefallen, daraus ein „allgemeines Priestertum" des ganzen Volkes abzuleiten. Wäre dem so, müßten sich gleich- oder ähnlichlautende Aussagen noch anderswo im Alten Testament finden.

(c) Die Bezeichnung Israels als „heiliges Volk" (goj kadosch) ergänzt die beiden vorangegangenen „Sondereigentum" und „Königreich von Priestern", ohne ihnen einen neuen Aspekt hinzuzufügen. „Heilig" ist, wer Zutritt hat zum Bereich der Heiligkeit Gottes. Erneut erscheint Israel als Jahwes persönlicher Besitz, der sich seiner Nähe und seines besonderen Schutzes erfreut.

Diese Erwählungsproklamation ergab für den Verfasser von 1 Petr den idealen Schrifttext, um den von Leiden geplagten, in ihrem Glauben angefochtenen, von Kleinmut und Minderwertigkeitsgefühlen bedrängten „erwählten Fremdlingen" (1,1) in der kleinasiatischen Diaspora Mut zu machen und Hoffnung zu schenken. An der Stelle des alten Israel sind sie jetzt das auserwählte Volk. Dies allein wollen alle der Proklamation von Ex 19,5f entnommenen Prädikationen besagen. Die einzelnen Elemente haben keine Eigenbedeutung[8], und aus ihnen ein allgemeines Priestertum aller Gläubigen abzuleiten war völlig abwegig. Das Neue Testament kennt kein Priestertum, weder ein sakramentales noch ein allgemeines.[9]

---

[7] Wildberger, 83.
[8] Vgl. zuletzt: J. Ramsay Michaels, 1 Peter (World Biblical Commentary, 49), Waco 1988, 108 f: „The purpose of the phrase ‚the King's priesthood' is not so much to characterise the Christian community as specifically priestly in its calling or duties as to complete its identification as ‚Israel' against the background of Exod 19,6."
[9] Wie schwierig es ist, den Begriff „allgemeines Priestertum" mit Inhalt zu füllen, zeigen nicht nur die Konzilstexte, sondern auch die theologische Literatur, s. z.B. H. Schlier, Die neutestamentliche Grundlage des Priesteramtes, in: Deissler, 81–114

III

Von der Jüngergemeinde zur Kleruskirche

1

Die opferlose Religion in der Anfechtung

Im Verlauf des 1. bis 4. Jahrhunderts hat sich im Selbstverständnis der Anhängerschaft Jesu ein umwälzender Wandel vollzogen. Wie zahlreiche Äußerungen der neutestamentlichen Schriften zeigen, verstanden sich die Jünger und Jüngerinnen Jesu ganz schlicht als Brüder und Schwestern, und dies nicht nur innerhalb einer geschlossenen Gemeinschaft (beim Apostelkonzil erhebt sich Petrus „inmitten der Brüder", Apg 15, 1), sondern auch von Gemeinde zu Gemeinde (Paulus kümmert sich um die „Schwester" Phöbe in Rom [Röm 16, 1] und um die „Schwester" Appia [Phlm 2]).[1] Bei ihrer Landung in Puteoli bei Neapel finden Paulus

---

[1] Das Wort „Bruder" bezeichnet im biblischen Sprachgebrauch nicht nur den Sohn des gleichen Vaters oder der gleichen Mutter, sondern auch den nahen Verwandten, Nachbarn, Freund, Amtskollegen, Stammes- und Volksangehörigen. Ausdruck der Liebe und Zärtlichkeit ist im Hohenlied die Anrede „meine Schwester Braut" für die Geliebte. Im Alten Testament ist es besonders das Deuteronomium, das die Brüderlichkeit aller Volksangehörigen in Abhebung gegenüber den „Fremden" betont (vgl. die Vorschrift in Dtn 24, 14: „Du sollst einen bedürftigen und armen Taglöhner nicht bedrücken, sei er einer deiner Brüder oder ein Fremdling"). In den Evangelien ist es naheliegenderweise vor allem Matthäus, der unter „Bruder" (meistens) den Angehörigen der eigenen Glaubensgemeinde versteht. Anders freilich bei Jesus, der diejenigen, die wie er den Willen Gottes tun, in offenem Gegensatz zu seiner eigenen Familie „Bruder, Schwester, Mutter" nennt (Mk 3, 31–35; Mt 12, 46–50) und damit wohl doch den Beginn einer neuen menschlichen Gemeinschaft im Auge hat. J.-P. Audet, Priester und Laie in der christlichen Gemeinde, in: Deissler,

75

und seine Gefährten „Brüder" vor, die ihnen Gastfreundschaft anbieten (Apg 28, 14), und ebenso werden sie schon vor den Toren Roms von „Brüdern" der dortigen Christengemeinde empfangen und begrüßt (Apg 28, 15). In 1 Petr 5, 9 wird die bereits über das ganze römische Reich zerstreute Christenheit die „Bruderschaft in aller Welt" genannt. Nicht anders finden wir es in der Didache (s. o. S. 62 ff). Der Neugetaufte wird in die Versammlung derer eingeführt, „die wir Brüder nennen" (Justin, Apol. 65, 1). Zwar gibt es Ämter, aber diese liegen bei der Gemeinde und schaffen keine Standesunterschiede.

Ganz anders sieht es im 4. Jahrhundert aus. Jetzt gibt es zwei Stände, Geweihte und Nichtgeweihte, Klerus und Volk, *ordo* und *plebs*. Es gibt eine Hierarchie, eine „heilige" Herrschaft, es gibt Befehlende und Gehorchende, es gibt solche, die Rechte und andere, die Pflichten haben. Vor allem aber darf den Vorsitz bei der Eucharistie nur ein „Geweihter" einnehmen. Wie konnte es in der Kirche Jesu zu einer solchen Abkehr vom Geiste Jesu kommen?

Angesichts der Bedeutung, die das von Gemeindeleitern, Vorstehern, Ältesten, Propheten, Lehrern geleitete eucharistische Mahl im frühchristlichen Gottesdienst hatte – oder, wie der Hebräerbrief zeigt, nicht hatte –, fragen wir uns, wie denn die Vorstellung aufkommen konnte, es bedürfe für die Feier der Eucharistie eines Priesters. Gewiß war die sehr komplizierte und uneinheitliche Entwicklung hin zum Weiheepiskopat und zum Weihepriestertum nicht nur von theologischen Argumenten bestimmt. Einen womöglich noch größeren Einfluß übernahmen politische, kirchenrechtliche, soziale und machtstreberische Konstellationen, die in unserer Thematik nur angedeutet werden können.[2] Von den theologischen Faktoren dürften vor allem

---

115–175, bes. 125 ff, zeigt die Entwicklung auf von der ursprünglichen Brüderschaft zu ihrer Einengung auf die klerikalen „Amtsbrüder" im 3. Jahrhundert, „von einer Brüderschaft mit eigener Initiative und Verantwortung zu einer in Organisation und Disziplin kanalisierten Brüderschaft" (150). S. auch K. H. Schelkle, Art. Bruder, RAC II, 635–640.

[2] Zum Einfluß der Strukturen des römischen Reiches auf die Organisation der Gesamtkirche s. bes. Herrmann.

drei zu nennen sein, ohne damit Vollständigkeit zu beanspruchen:

1. Opfermotive in den Einsetzungsberichten.
2. Der Einfluß
   a) des ersten Klemensbriefes und
   b) der Markionstreits.
3. Die Vorwürfe, die vom römischen Staat gegen das Christentum wegen seiner Kultlosigkeit erhoben wurden.

(1) Opfermotive in den Einsetzungsberichten

Beginnen wir mit den *Einsetzungsberichten des Abendmahls*. Sie haben Anlaß gegeben, die Eucharistie als *Opfer* zu verstehen. Die Rede vom „Meßopfer" ist allen katholischen Gläubigen geläufig. Wenn aber *Opfer*, dann auch *Priester*.[3] Bekanntlich ist uns der Einsetzungsbericht in vier Varianten überliefert: in den Abendmahlsüberlieferungen des Matthäus-, des Markus- und des Lukas-Evangeliums und von Paulus in 1 Kor 11,23–26.[4] Das macht es unmöglich, die authentischen Jesusworte mit Sicherheit zurückzugewinnen. Vielmehr herrscht in der heutigen Exegese Einmütigkeit darüber, daß wir es bei den Abendmahlsberichten mit einer *Kultätiologie* zu tun haben, durch die der Brauch der Gemeinden begründet und erklärt werden sollte.[5] Mit anderen Worten: Dargestellt wird in diesen Berichten nicht das Abendmahl Jesu. Dargestellt wird vielmehr die *Mahlfeier der Gemeinde*, von der auf das Abendmahl Jesu zurückgeschlossen wird (was freilich nicht bedeutet, daß damit die Geschichtlichkeit des Abendmahles Jesu dahinfällt). Dieser Nie-

---

[3] Zwar wurde, wie sich zeigen wird, die Eucharistie schon ganz früh als Gedächtnis der Todeshingabe Jesu verstanden. Etwas anderes ist es jedoch, die Eucharistie selber zur Opferhandlung zu erklären (s. u. S. 103–105).
[4] Ein Diskussion mit der unüberschaubaren Literatur ist hier nicht am Platz. Einen umsichtigen und umfassenden Überblick bietet neben O. Hofius, Herrenmahl und Herrenmahlsparadosis, in: ders., Paulusstudien, Tübingen 1989, 203–240, neuestens Söding.
[5] Merklein, Erwägungen.

derschlag kirchlichen Brauchtums ist schon im ältesten Evangelium, dem des Markus, greifbar. Jesus hält mit den Jüngern das Mahl (bei Markus ist es – entgegen aller historischen Wahrscheinlichkeit – ein Paschamahl, 14,17 ff). Nach einem erneuten Einsatz aber spricht dann Jesus unvermittelt in einer Handlung die Deuteworte über Brot und Wein (14,22–25). Darin spiegelt sich zweifellos der urchristliche Brauch, der eigentlichen Eucharistie ein Sättigungsmahl vorausgehen oder folgen zu lassen.[6] Was uns hier beschäftigt, ist der *Verlauf* des Abendmahls, genauer: der Wortlaut *des Brotwortes und des Kelchwortes*. Wir können von Markus ausgehen, obwohl seine Fassung keineswegs die beste schlechthin ist. Für das Brotwort aber dürfte er die beste Überlieferung haben. Der Text lautet:

„Während sie aßen, nahm er Brot, sprach den Lobpreis,
brach es, gab es ihnen und sprach: Nehmt, dies ist mein Leib"
(14,22).

Nichts hindert uns daran, dies als ursprüngliches Jesuswort zu verstehen. Dabei bezeichnet „Leib" die Person Jesu, sein Selbst, sein Ich. Das Jesuswort ist um so auffälliger, als normalerweise beim jüdischen Mahl das Brot nach der Segnung lautlos verteilt wird. Mit seinen vom Ritus abweichenden Worten versichert Jesus die Jünger seiner bleibenden Gemeinschaft über den Tod hinaus. Er macht die persönliche Gegenwart, die jeder Gastgeber seinen Gästen schenkt (s. o. S. 61), die aber, wie jede Gastfreundschaft, von kurzer Dauer ist, zur fortwährenden Präsenz. So jedenfalls hat die junge Kirche Jesu Wort und Geste verstanden und gedeutet.

Während beim jüdischen Mahl der Hausvater zuerst selbst von dem gebrochenen Brot nimmt[7], wird hier nicht gesagt, Jesus habe

---

[6] Rordorf: Liturgie, 65, Anm. 2; E. Schweizer, Das Evangelium nach Markus, Göttingen 1975, 164: „Vielleicht weist das Nebeneinander von V. 17–21 und 22 darauf hin, daß in der markinischen Gemeinde zuerst ein ganzes Mahl gehalten, dann erst Brot und Wein genossen wurden." (Die Erklärung von R. Pesch, 357, Mk habe den zwischen Brot- und Kelchwort liegenden, als bekannt vorausgesetzten Ablauf des Mahles übergangen, kann schwerlich befriedigen.)
[7] Variante: Er gibt zuerst seiner Frau und nimmt dann für sich.

selbst vom Brot gegessen. Das wäre ja auch sinnwidrig, wenn er selbst das Brot ist.

Hingegen fällt es schwer, das Becherwort bei Markus als ursprüngliche Parallele zum Brotwort zu verstehen. [8] Es lautet:

„Und er nahm einen Becher, sprach das Dankgebet (eucharistesas) und gab ihn ihnen, und sie tranken alle daraus (23). Und er sprach zu ihnen: Das ist mein Blut des Bundes, das für viele vergossen wird (24). Wahrlich ich sage euch: Ich werde nicht mehr von dem Gewächs des Weinstocks trinken, bis ich es neu trinke im Reiche Gottes" (25).

Störend wirkt zunächst, daß Blut keine Parallele zu *Leib* ist, sondern höchstens zu *Fleisch*. Zum Leib gehört ja schon das Blut. Noch auffälliger ist indes auf den ersten Blick die erheblich längere Form des Becherwortes. Es liegt nahe, darin eine liturgische Ausformung zu sehen, ähnlich wie etwa beim Dekalog (Ex 20; Dtn 5) die Erweiterungen beim 2., 3., 4., 5. und 10. Gebot dem liturgischen Vortrag des Dekalogs zuzuschreiben sind, während das Brotwort, vergleichbar den kurzen Imperativen des 1., 6., 7., 8. und 9. Gebots ohne jede Begründung apodiktisch hingesetzt wird: „Nehmt, dies ist mein Leib."

Freilich finden wir eine kurze Begründung dazu schon bei Lukas: „Dies ist mein Leib, der für euch hingegeben wird" (22,19), sinngemäß gleich, aber noch kürzer bei Paulus: „Dies ist mein Leib für euch" (1 Kor 11,24). Das zeigt, wie früh die Liturgie das Bedürfnis empfand, den Gestus Jesu nicht nur zu vollziehen, sondern auch zu deuten. Im sakramentalen Mahl feiert die Gemeinde den Tod ihres Herrn, und sie beruft sich dabei auf seinen ausdrücklichen Auftrag, dies zu tun zu seinem „Gedächtnis" (Lk 22,19; 1 Kor 11,24).

Viel stärker gemeindeliturgisch geprägt als das Brotwort bei Lukas und Paulus (im Unterschied zu Markus und Matthäus, bei denen jede Deutung fehlt) ist jedoch das *Becherwort*, und dies in *allen vier* Überlieferungen. Sie stimmen darin überein, daß sie

---

[8] Damit soll nicht bestritten werden, daß das (vor-) markinische Kelchwort traditionsgeschichtlich älter als die paulinisch-lukanische Variante des Kelchwortes sein könnte, vgl. Söding, 139–146.

das Abendmahl als Feier des Kreuzestodes Jesu verstehen, in dem der *neue Bund* geschlossen wurde. So können Lukas und Paulus den Becher förmlich als den Bund bezeichnen: „Dieser Becher ist der neue Bund in meinem Blut" (1 Kor 11,25), wobei Lukas noch verdeutlicht: „das für euch vergossen wird" (22,20, parallel zu „Leib, der für euch hingegeben wird"), während Paulus den Gedächtnisbefehl wiederholt (1 Kor 11,25).[9]

Dabei fällt vor allem auf, daß bei Lukas und Paulus die Aufforderung fehlt, *aus dem Becher zu trinken*, während Markus zu berichten weiß, daß alle daraus tranken (nicht aber Jesus!), und wir bei Matthäus die formelle Aufforderung Jesu finden: „Trinket alle daraus!" (26,27).[10] Nichts verlautet außerdem über den *Inhalt* des Bechers. Hingegen bezeichnen Markus und Matthäus diesen als das vergossene *Blut* Jesu („mein Blut des Bundes" Mk 14,24; „das für viele vergossen wird" Mt 26,28).[11]

Wer weiß, daß Blutgenuß für den Juden die gräßlichste Zumutung war (und bis heute ist), wird eine solche Überlieferung nur schwer für ursprünglich halten. Im Lebensraum des Hellenismus, „wo indirekter Blutgenuß – durch Essen von ungeschächtetem Fleisch – etwas Normales war, direktes Bluttrinken im sakralen Bereich vorkam und man Wein als Blutersatz gleichfalls kannte"[12], dürfte eine solche Formulierung auch für judenchristliche Ohren wohl eher erträglich, wenn nicht gar überhaupt erst denkbar und (in [un-]bewußter Angleichung an das Brotwort) formulierbar gewesen sein.

---

[9] Die Liturgie forderte diese Wiederholung als Parallele zum Gedächtnisauftrag nach dem Brotwort Lk 22,19, vgl. Meier, 345: „All argue for the command being an addition by early Christians to make the narrative more clearly a ,cult legend'."

[10] „Daß bei Mk das Deutewort erst gesprochen wird, nachdem alle getrunken haben, mag Mt inkonzinn erschienen sein. Er macht aus der berichthaften Bemerkung einen Imperativ: Trinket alle daraus, der im übrigen zum Imperativ: Esset in V. 26 parallel läuft. Die Abhängigkeit von Mk ist unübersehbar" (J. Gnilka, Das Matthäusevangelium. II. Teil, Freiburg i.Br. 1988, 400).

[11] Das Interesse am Parallelismus mit dem Brotwort ist wiederum der Liturgie zu verdanken (Meier, 345 f).

[12] H.-J. Klauck, Herrenmahl und hellenistischer Kult, Münster i.W. ²1986, 312.

Die Formel „Mein Blut des Bundes" erweist sich auch dadurch als sekundär, daß sie nur im Griechischen, nicht aber im Aramäischen möglich ist.

Angesichts der mehrfach widersprüchlichen Formulierung des Becherwortes im Vergleich zum Brotwort muß die Frage erlaubt sein, ob nicht die ganze Becherüberlieferung Gemeindebildung ist. [13] Hierzu der Exeget HELMUT MERKLEIN, der in Mk 14,25 („Ich werde nie mehr vom Gewächs des Weinstocks trinken bis zu jenem Tage, da ich es neu trinken werde im Reiche Gottes") das ursprüngliche Kelchwort Jesu sieht und zu folgendem Schluß kommt: „Den Vorgang beim Letzten Mahle Jesu müßte man sich dann folgendermaßen vorstellen: Am Ende des Mahles ergreift Jesus den Becher (Segensbecher), segnet ihn und gibt ihn den Jüngern zum Trinken. ... Als alle getrunken haben (vgl. Mk 14,23b), spricht Jesus Mk 14,25 und gibt so dem Mahl, das von Anfang an unter dem Eindruck seines Todes stand (vgl. Brotwort), einen hoffnungsvollen Charakter." [14]

Die auffällige Erwähnung des Blutes *nach* dem (Fleisch und Blut umfassenden) Brotwort (s.o.) könnte das Verständnis allerdings noch in eine andere Richtung lenken. [15] Es ist keinesfalls sicher, daß Jesus bei seinem letzten Mahl sein Sterben (gar sühnetheologisch) *deuten* wollte. [16] Weit natürlicher ist die Annahme, Jesus habe angesichts der *sehr wahrscheinlichen* Trennung [17] seinen Jüngern einfach einprägen wollen, daß er nie aufhören werde, für sie da zu sein. Dieser Versicherung diente bereits die Darreichung des gebrochenen Brotes: „Nehmt, das bin ich!"

Doch dies war eben nicht Jesu letztes Wort. Hatte man zu Be-

---

[13] Meier, 341, spricht von der „Complexity of tradition history in the New Testament".

[14] Merklein: Erwägungen, 237f.

[15] Die folgende Interpretation des Kelchwortes verdanke ich Meinrad Limbeck.

[16] Die von A. Vögtle, Todesankündigungen und Todesverständnis Jesu, in: K. Kertelge (Hg.), Der Tod Jesu, Freiburg i. Br. 1976, 51–113 vorgebrachten Einwände gegen eine derartige Annahme haben bis heute nichts von ihrer Überzeugungskraft verloren.

[17] Will man Jesu Gebet am Ölberg (Mk 14,34–36) nicht alle Ernsthaftigkeit rauben, dann konnte die drohende Gefangennahme und Hinrichtung für Jesus noch nicht völlig unausweichlich gewesen sein.

ginn das drohende Ende vielleicht noch ausblenden können, so mußte jetzt unmittelbar vor dem Aufbruch in die Nacht ehrlicherweise auch diese Möglichkeit angesprochen werden. Was lag da näher, als mit Hilfe des Bechers voll Wein[18] den Jüngern nochmals ausdrücklich zu versichern: „Selbst wenn mir mein Leben gewaltsam genommen wird[19] – es wird nicht aufhören, euch zu gehören. Ich schenke euch mein Leben mit diesem Kelch. Das ist mein Blut für euch."

So gesehen würde nicht nur verständlich, weshalb das Kelchwort *im Vollzug* dieses letzten Mahles auf seiten der Jünger keineswegs das Empfinden hervorrief, nun wirkliches Blut trinken zu sollen. Es würde auch verständlich, weshalb gerade das Kelchwort – herausgelöst aus diesem letzten Mahl – im Rahmen der nachösterlichen Herrenmähler so unterschiedlich interpretiert und ausgestaltet wurde.

Gemeinsam ist dann wiederum allen vier Überlieferungen die *Vorläufigkeit* des Gemeindemahls und seiner Vollendung im endzeitlichen Mahl („bis er kommt": 1 Kor 11,26; „ich werde von diesem Gewächs des Weinstockes nicht mehr trinken bis zu dem Tage, da ich es neu trinke im Reiche Gottes": Mk 22,25). Indem das eucharistische Mahl damit sowohl die Vergangenheit als auch die Zukunft zur Gegenwart macht, wird es im vollen Sinn zum *Sakrament*. So definiert ja *Thomas von Aquin* das Sakrament: Es ist „commemoratio praeteriti, demonstratio praesentis et prognosticum futuri": ein Gedächtnis des Vergangenen, ein Erweis des Gegenwärtigen und ein Vorzeichen des Zukünftigen.[20]

Wie wir sahen, hat die Liturgie den Bezug der Eucharistie zum *Kreuzestod Jesu* zunehmend stärker ausgebaut. In ihrem wohl frühesten Stadium können wir dieses Verständnis bei Paulus fassen, für den die Gemeinde, wenn sie von „diesem Brot" ißt und den Kelch trinkt, „den Tod des Herrn verkündigt, bis er kommt"

---

[18] Wein und Blut zu assoziieren war in Israel nicht neu, vgl. Gen 49,11; Dtn 32,14; Jes 63,2–6; Sir 39,26; 50,15.
[19] Es war üblich, vom Blut zu sprechen, wenn man an das *gewaltsam* beendete Leben dachte, vgl. Gen 4,10f; 9,6; 37,22; Num 35,33; Dtn 21,7 u.ö.
[20] S. Th. III, 60, 3.

(1 Kor 11,26). Der in der Vergangenheit geschehene Tod Jesu[21] wird für die Gemeinde im „Gedächtnis" gegenwärtig. Der im Mahl anwesende Herr ist das geopferte Paschalamm, welches das Fest der Gemeinde begründet (1 Kor 5,7f). Sein Leib ist der „hingegebene Leib" (Lk 22,19, vgl. 1 Kor 11,24), der Becher enthält das „zur Vergebung der Sünden" vergossene Blut des Bundes (Mt 26,28). Die Rede vom Vergießen des Blutes und der unüberhörbare Bezug auf das „Blut des Bundes" beim Bundesopfer am Sinai (Ex 24,3–8) machen deutlich, wie stark sich die Gemeinde bei der Feier der Eucharistie in die Opfertat Jesu einbezogen wußte. Sie begeht diese im „Gedächtnis", ein Wort, das im biblischen Sprachgebrauch nicht nur Erinnerung, sondern Vergegenwärtigung bedeutet.[22] So hat ja Israel schon längst das Pesach als „Gedächtnis" (zikkaron) der Befreiung aus fremder Knechtschaft begangen (Ex 12,14).[23] Deshalb die Anweisung: „In jedem Zeitalter ist jeder verpflichtet, sich so anzusehen, als wäre er selbst aus Ägypten gezogen."[24]

Treffend faßt JOACHIM GNILKA Mt 26,28 zusammen: „Die Teilnahme am eucharistischen Mahl … vermittelt also den Mahlteilnehmern die personale Gemeinschaft mit dem Christus passus, sie nimmt sie auf in den in seinem Tod geschlossenen Bund und läßt sie dessen Heilsfrüchte erfahren, zu denen an erster Stelle die Vergebung der Sünden gehört."[25]

Mit anderen Worten: Die Gemeinde macht sich Jesu Opfer zu eigen, sein Lebensopfer wird ihr Opfer. Von hier war nur noch ein kleiner Schritt, um die Eucharistie selbst als Opfer zu verstehen, woran sich im 16. Jahrhundert die alte Kirche und die Reformation scheiden sollten. Noch sind wir nicht so weit. Dennoch konnte das relativ frühe Verständnis der Eucharistie als Opferge-

---

[21] Zum späteren Einbezug von Auferstehung und Himmelfahrt s. W. Rordorf, Le sacrifice eucharistique = Liturgie, 73–91, hier 75f.
[22] Vgl. H. Haag, Art. „Gedächtnis, biblisch", in: LThK² IV, 570–572; ders., Vom alten zum neuen Pascha. Geschichte und Theologie des Osterfestes, Stuttgart 1971, 115–117.
[23] Leider verstümmelt sowohl die Zürcher Bibel als auch die Einheitsübersetzung das „Gedächtnis" zum „Gedenktag".
[24] Pesach-Haggadah.
[25] Ders., Das Matthäusevangelium, 2. Teil, Freiburg i.Br. 1988, 402

schehen für das spätere Aufkommen eines Priestersystems nicht bedeutungslos sein.

Zweifellos war die Überzeugung, Gott bedürfe keiner Opfer, in der frühen Christenheit fest verwurzelt. Nach dem Beispiel Jesu lehnte sie die blutigen Opfer des Tempels radikal ab und bediente sich dabei mit Vorliebe der kultfeindlichen Texte des Alten Testaments (s. o. S. 49). Die gleiche Aversion mußte sich auch gegen alle heidnischen Opferpraktiken richten, was, wie wir sehen werden, die Christen in Konflikt mit dem römischen Staat brachte. Aber das hinderte die junge Kirche nicht daran, mit der Eucharistie von Anfang an ein handfestes Opfer zu verbinden, das in einer materiellen Zuwendung bestand. Schon die neutestamentlichen Schriften lassen durchblicken, daß die Spende von Gaben für die Armen ein typisches Element des Gottesdienstes war (vgl. Apg 4, 34 f; 5, 1–11; Jak 2, 15 f). [26] Im besonderen für die große Kollekte, die Paulus für die Mutterkirche in Jerusalem veranstaltet (vgl. Röm 15, 25–28), sollen die Gläubigen ihren freiwilligen Beitrag am Sonntag einbringen, somit zweifellos anläßlich des Gottesdienstes (1 Kor 16, 1 f). Vollends läßt die Beschreibung des Gottesdienstes, die wir Justin verdanken (s. o. S. 66 ff), erkennen, daß der Opfergang zugunsten der Witwen und Waisen, der Kranken und Bedürftigen, der Gefangenen und Fremden zum festen Bestandteil der Eucharistiefeier geworden ist.

(2) Der Tempel als Vorbild im 1. Klemensbrief

Zu einem hierarchiefreundlichen Klima hat sicher der 1. *Klemensbrief* beigetragen. Es handelt sich dabei um ein eigentümliches Schreiben, nicht nur was den Anlaß, den Amts- und Gemeindebegriff, sondern auch die Argumentation angeht. [27] Gegen Ende des 1. Jahrhunderts war in der Kirche von Korinth eine Krise ausgebrochen. Es waren einige Presbyter (Älteste) aus ihrem Amt verdrängt und ihrer gottesdienstlichen Funktion ent-

---

[26] Rordorf (Anm. 21), 84 f.
[27] von Campenhausen: Kirchliches Amt, 93–103.

kleidet worden. Um den Streit aus der Welt zu schaffen, richtete die Gemeinde von Rom unaufgefordert ein Schreiben an die Gemeinde von Korinth. Es spricht zwar immer in der Wir-Form, wird aber allgemein mit dem Namen des römischen Bischofs Klemens verbunden, der als Verfasser gilt, wenn auch ein anderer Amtsträger gleichen Namens nicht auszuschließen ist.[28] Dieses Schreiben erlangte ein solches Ansehen, daß es in manchen Kirchen noch längere Zeit beim Gottedienst vorgelesen, ja sogar zur Heiligen Schrift gerechnet wurde.

Hinter der Machenschaft gegen die Presbyter stand offenbar die ganze Gemeinde, selbst wenn sie nur von einer oder zwei Personen angestiftet wurde (47,6). Sie war um so verwerflicher, als den betroffenen Ältesten kein moralisches Verschulden und kein Mißbrauch des Amtes vorgeworfen werden konnte. Möglicherweise handelte es sich um einen Aufstand der „Jungen" gegen das Ältesteninstitut, das in Korinth noch nicht fest etabliert war.[29]

In dem römischen Schreiben wird die Gemeinde von Korinth mit den schärfsten Worten getadelt. Der Vorgang wird als „unpassender und den Auserwählten Gottes fremder, abscheulicher und gottloser Aufruhr" bezeichnet, „den einige unbesonnene und freche Personen bis zu einem solchen Grad von Tollheit entfacht haben, daß euer ehrbarer, allseits bekannter und allen Menschen liebenswerter Name in sehr üblen Ruf gebracht worden ist" (1,1). Denn „es erhoben sich die Ungeachteten gegen die Geachteten, die Unangesehenen gegen die Angesehenen, die Unverständigen gegen die Verständigen, die Jungen gegen die Alten" (3,3).

Obwohl örtlich begrenzt, wird der Konflikt vom Verfasser in einen großen theologischen und moralischen Zusammenhang gestellt. In seinen Augen bilden der Alte Bund und das Christusgeschehen eine einzige große Heilsordnung, und wenn der Verfasser auch einzelne Schriften des Neuen Testament kennt[30], so ist

---

[28] Lindemann, 13.
[29] Dagegen spricht nicht, daß als Motiv wiederholt „Eifersucht" und „Neid" genannt werden (Lindemann, 16).
[30] Sicher 1 Kor und Röm; Hebr wahrscheinlich, zumindest stückweise.

für ihn *die* Heilige Schrift, *die* Bibel, noch immer das Alte Testament. „Das Christentum erscheint hier ohne weiteres als die enthüllte alttestamentliche Religion, die Christenheit als das wahre Gottesvolk und die Bibel ausschließlich als ihr Buch."[31] Auf das Alte Testament beruft sich deshalb der Verfasser in einem fort. Er findet selbst die Ämter der Episkopen und Diakone schon im Alten Testament grundgelegt und belegt dies mit einem in diesem Sinn zurechtgebogenen Zitat aus Jes 60,17 (44,4f). Und um die Korinther davon zu überzeugen, daß Ordnung herrschen müsse und die bisherige Ordnung von Gott gewollt sei, weil dieser ein Gott der Ordnungen sei, bezieht er sich auf die schon am Tempel von Jerusalem geltende Kultordnung. Dort – sagt er, obwohl der Tempel schon längst nicht mehr bestand – „sind dem *Hohenpriester* eigene Verrichtungen übertragen, den *Priestern* ist ihr eigener Platz verordnet, und den *Leviten* obliegen eigene Dienstleistungen. Der Laie ist an die Laienvorschriften gebunden" (40,5). Es ist das erste Mal, daß der Begriff „Laie" in der christlichen Literatur erscheint.[32]

Obwohl der Verfasser damit sicher nicht die am Tempel gel-

---

[31] von Campenhausen: Christliche Bibel, 82; vgl. Fischer, 7f.12f; Lindemann, 18: „Das ‚Alte Testament' ist für die Kirche des 1 Clem einfach ‚die' Heilige Schrift, der alle für das christliche Leben notwendigen Weisungen zu entnehmen sind."

[32] Fischer, 77. Die Aussage ist jedoch für unsere heutige „Laienthematik" (vgl. Kap. I), deren erste Anfänge im 3. Jahrhundert liegen, mit größter Vorsicht zu gebrauchen. Im Unterschied zum Plural „die Priester", „die Leviten", ist von *dem* „Laienmensch" *(laikos anthropos)* im Singular die Rede. Somit wird nicht eine Gruppe oder ein Stand (Priester, Leviten) einem anderen Stand (Laien) gegenübergestellt. Vielmehr stehen die Priester und Leviten als Bild für jene, die bereits den allen Christen zustehenden „Einblick in die Tiefen der göttlichen Erkenntnis erhalten haben" (40,1), während der „Volksmensch" *(laikos anthropos)* noch am (alten) Volk hängt und noch nicht zur neuen Heilsordnung vorgedrungen ist: Judenchristen, die dem Judentum noch nicht gänzlich entsagt haben. Einander gegenübergestellt werden somit jene, die – in unserer heutigen Sprache – begriffen haben, was Christsein bedeutet (Priester und Leviten als Bild), und jene, die es noch nicht begriffen haben (vgl. Faivre: Ordonner, 171–189: „L'homme laic est le type de l'homme qui croit trouver son salut dans le culte de l'alliance ancienne. … l'homme du peuple inaccompli … qui n'a pas accès à la connaissance spirituelle", 183).

tende Ordnung buchstäblich auf die christliche Gemeinde übertragen wollte, konnte bei der hohen Autorität des Schreibens der Verweis auf die verschiedenen Stufen der Hierarchie und die ihnen gegenüberstehenden Laien für die weitere Entwicklung gewiß nicht ohne Wirkung bleiben.[33] Auch wenn das Gegensatzpaar Klerus-Laien noch ferne liegt, kann man nicht umhin, hier schon eine erste Ankündigung der kommenden Abwertung des Laien zu sehen. Ein Kommentator schreibt, in diesem Konzept sei den Laien wohl wenig mehr übrig geblieben als zuzuhören und die Eucharistie zu genießen.[34]

(3) Aufwertung des Alten Testaments durch die Markionkrise

Die Aufnahme alttestamentlicher Vorstellungen in die Kirche wurde weiterhin gefördert durch die *Markion-Krise*.[35] Sie war die schwerste Erschütterung der frühen Kirche, die aber – wie alle Krisen – auch ihre guten Seiten hatte.

Markion war ein wohlhabender Reeder aus der Provinz Pontus in Kleinasien, nach legendärer Überlieferung Sohn des Bischofs von Sinope, von dem er wegen Verführung einer Jungfrau exkommuniziert worden sei. Um 140 kam Markion nach Rom. Er wurde von der Christengemeinde aufgenommen und stattete diese mit reichen Geldmitteln aus, wurde aber dennoch im Jahr 144 aus ihr ausgeschlossen. Sein Doppelwerk – *seine* Bibel (s.u.)

---

[33] „Seine Aussageabsicht zielt fraglos darauf, die Unruhe in Korinth beizulegen; insofern kann der Verweis auf den Tempelkult nicht einfach als Norm und Grundlage einer kultischen Ordnung in der Kirche betrachtet werden. Die Analyse leistet aber der Tendenz Vorschub, christliche Gemeinde nach dem Vorbild des Alten Bundes zu organisieren, wovon etwa die Differenz zwischen dem *laikos anthropos* und den kirchlichen Amtsträgern, denen das ‚Darbringen der Gaben‘ (44,4) zukommt, Zeugnis gibt“ (P. Stockmeier, Glaube und Religion in der frühen Kirche, Freiburg i.Br. 1973, 66f).
[34] R. Knopf, Die Apostolischen Väter I, Tübingen 1920, 114.
[35] Zu Markion jetzt B. Aland, TRE 22, 1992, 89–101 (mit Lit.). Immer noch maßgeblich für die Forschung ist das grundlegende Werk von Adolf von Harnack, Marcion: Das Evangelium vom fremden Gott, Leipzig ²1924, Nachdruck Darmstadt 1996.

und die „Antithesen" – ist untergegangen. Wir kennen es nur aus der kirchlichen Polemik gegen Markion und seine Anhänger, vor allem aus der Schrift des Irenäus *Adversus haereses* (um 180) und Tertullians *Adversus Marcionem* (um 200), wobei sich jedoch nicht mit Sicherheit ausmachen läßt, was von Markion selbst stammt, was von seinen Interpreten, den „Markioniten", und was schließlich die Polemik daraus gemacht hat. Dennoch kann über die wesentlichen Thesen Markions kein Zweifel bestehen. Seine Lehre breitete sich rasch aus, führte zur Gründung zahlreicher Kirchen und bewährte sich während der Verfolgung in Märtyrern. Zu Beginn des 3. Jahrhunderts stellt Tertullian fest, die Lehre des Markion habe die ganze Welt erfüllt.

Nach Markion bestehen zwischen dem Alten und dem Neuen Testament unüberbrückbare Gegensätze („Antithesen"). Der Vater Jesu Christi, den das Neue Testament verkündet, sei, sagt er, ein anderer als der Gott des Alten Testaments. Dieser sei ein wankelmütiger, unwissender, grausamer, parteiischer und despotischer Gott. Jesus aber predigte Barmherzigkeit und Frieden. Überhaupt kündeten die Weissagungen des Alten Testamentes einen anderen Messias an, als er in Jesus Christus erschienen sei.

Deshalb verwirft Markion das Alte Testament *in globo*. Es gebe dafür in der christlichen Kirche keinen Platz. Weil sich aber auch im Neuen Testament neben der reinen Lehre Jesu alttestamentlich/jüdische Denkart widerspiegelt, schafft sich Markion ein eigenes Neues Testament, das nur aus dem (nach Markions Vorstellungen purgierten) Lukasevangelium und zehn Paulusbriefen besteht.

Bedenken wir, daß das Alte Testament hundert Jahre lang nicht hinterfragt und unbestritten die Bibel der Kirche gewesen war, können wir ermessen, was der Umsturz des Markion für die Kirche des zweiten Jahrhunderts bedeuten mußte. „Sie hatte ihre ‚Schriften' verloren: Ihr stolzer Anspruch, die Religion der ältesten Weisheit und zugleich der geschichtlichen Erfüllung zu sein, sollte mit einem Mal nicht mehr gelten. Die ‚Archive', aus denen man so lange vertrauensvoll die höchste Erkenntnis geschöpft und Juden wie Heiden widerlegt und überzeugt hatte, sollten verbrannt werden. Die einzige, heilige Urkunde christlicher Offenbarung gehörte angeblich einem anderen Gott: Das Fundament, auf dem die Christen zu stehen meinten, war in den Abgrund gesunken."[36] Freilich hatte man inzwischen ein „Neues Testament". Dieses lag in der Mitte des 2. Jahrhunderts vollständig vor. So hätte sich unweigerlich früher oder später die Frage gestellt: Soll die Kirche bei der alten Bibel bleiben und sie durch die neue *ergänzen,* wie durch ein letztes Kapitel, oder soll die neue Bibel die alte *ersetzen?* Diese Entscheidung provoziert und beschleunigt zu haben ist das „Verdienst" des Markion. Die Großkirche entschied sich für die zweite Wahl: *Altes und Neues Testament* bilden *gemeinsam* die christliche Bibel.

Damit bekam nun freilich das Alte Testament eine völlig neue Stellung in der Kirche. War es fortan die *jüdische* Bibel gewesen, die sich die Kirche angeeignet und auf Christus hin gedeutet hatte, so war es fortan die *christliche* Bibel. Das Alte Testament verwandelte sich von einem jüdischen in ein christliches Buch.[37] Es soll uns nicht wundern, wenn dadurch auch seine Institutionen, samt Kult und Priestertum, ein neues Gewicht bekamen.

(4) Der römische Staat als Anwalt des Opferkults

Schließlich aber war es auch die Verfolgung der jungen Kirche durch den römischen Staat, die die Überhandnahme des Kultischen entscheidend förderte.[38] Das Christentum breitete sich zwar in einem heidnischen, keineswegs aber in einem gottlosen Staat aus. Das Milieu, in dem die Botschaft Jesu verkündet wurde, war weithin *religiös* geprägt. Wie schwer sich schon die Juden getan hatten, die Ablehnung des Tempels und des Kultes durch die Jesusgemeinde hinzunehmen, zeigt die Rede des Stephanus und die an ihm vollstreckte Lynchjustiz (Apg 6). Aber auch in der heidnischen Polemik nimmt das religiöse Element einen wichti-

---

[36] von Campenhausen: Christliche Bibel, 178.
[37] K. Beyschlag, Grundriß der Dogmengeschichte I, Darmstadt 1982, 77.
[38] Zum folgenden vor allem Stockmeier, Christlicher Glaube.

gen Platz ein. Nach Tacitus[39] galt der christliche Glaube als *exitiabilis superstitio*, als „verderblicher Aberglaube". Die abschätzige Bedeutung „Aberglaube" hatte der Begriff *superstitio* seit dem 2. Jahrhundert v. Chr. angenommen[40], als Gegensatz zu *religio*. Beinhaltet *religio* die strenge Einhaltung des geschuldeten Kultes, so ist *superstitio* das falsche Verhalten gegenüber den Göttern. Letztlich entschied also ihr Verhältnis zum Kult, ob eine Religion den Erfordernissen des römischen Staates entsprach oder nicht.

Somit kann es nicht überraschen, daß die Christen des Atheismus, der „Gottlosigkeit" bezichtigt wurden. Was damit gemeint ist, macht Tertullian anschaulich: *„Deos non colitis"*, lautet der gegen die Christen erhobene Vorwurf: „Ihr verehrt die Götter nicht, und für den Kaiser bringt ihr keine Opfer dar."[41] Dieser Vorwurf war vernichtend, wenn man bedenkt, daß nach Überzeugung des römischen Volkes der Untergang der überlieferten Religion den Untergang des Reiches zur Folge hatte. Wir können uns ohne Mühe vorstellen, wie schwer es den Christen fallen mußte, sich mit ihren bescheidenen Mählern gegenüber dem Pomp des römischen Opferwesens zu behaupten. Eben deshalb bemühten sie sich, dieses Opferwesen der Lächerlichkeit preiszugeben und – im Sinne der Propheten und Jesu – herauszustellen, daß der wahre Gottesdienst der des Herzens und der Liebe ist. Der Märtyrer *Justin* (s. o. S. 66 ff) hält den Heiden entgegen:

„Wir ehren nicht mit vielerlei Opfern und Blumengewinden die, welche Menschen gebildet, in Tempeln aufgestellt und Götter genannt haben. Denn wir wissen, daß diese Dinge unbeseelt und tot sind und nicht Gottes Gestalt haben. ... Wir haben aber auch die Lehre empfangen, daß Gott keinerlei materiellen Opfergabe von seiten der Menschen bedarf, da wir ihn ja selbst alles spenden sehen. Dagegen sind wir gelehrt worden

---

[39] Ann. XV 44,3; Guyot/Klein, 16 f.
[40] Ursprünglich neutral: das Betroffensein vom Göttlichen oder von den Göttern Kommenden, „ängstliche Scheu vor dem, was über die Dimension des Menschen hinausgeht" (Stockmeier, 888), vgl. Der kleine Pauly V, 1975, s.v.
[41] Apologeticum 10,1; Guyot/Klein II, 140 f.

und glauben fest, daß er nur jene in Gnaden aufnimmt, die das ihm innewohnende Gute nachahmen: Enthaltsamkeit, Gerechtigkeit, Nächstenliebe und was sonst Gott eigentümlich ist." [42]

Ähnlich argumentiert der römische Apologet *Minucius Felix* (um 200). Seinem heidnischen Gesprächspartner Cäcilius, der sich für die Beibehaltung des überlieferten Götterkultes einsetzt, da dieser Rom groß gemacht habe, hält er entgegen:

„Glaubt ihr, wir halten den Gegenstand unserer Verehrung geheim, wenn wir keine Tempel und Altäre haben? Welches Bild soll ich für Gott ersinnen, da doch im Grunde der Mensch selbst Gottes Ebenbild ist? Welchen Tempel soll ich ihm bauen, da diese ganze Welt, das Werk seiner Hände, ihn nicht zu fassen vermag? ... Müssen wir nicht besser in unserer Seele ihm ein Heiligtum errichten ... ? Kleine und große Tiere soll ich Gott opfern, welche er doch zu meinem Nutzen erschaffen, so daß ich ihm eigentlich seine Gabe zurückgebe? Das wäre undankbar, wenn doch ein gutes Herz, ein reiner Sinn und ein unbeflecktes Gewissen ein angenehmes Opfer ist? Wer also Unbescholtenheit übt, der erfleht Gottes Barmherzigkeit; wer Gerechtigkeit liebt, bringt Gott Spenden dar; wer sich von Betrug fernhält, versöhnt Gott; wer einen Menschen der Gefahr entreißt, schlachtet das beste Opfertier. Das sind unsere Opfer, das ist Gottesdienst." [43]

Hören wir schließlich noch den christlichen Philosophen *Athenagoras*, der um 177 an Kaiser Mark Aurel und seinen Sohn Kommodus ein Bittgesuch für die Christen richtet. Darin führt er aus:

„Die meisten von denen, die gegen uns den Vorwurf des Atheismus erheben, haben keine Ahnung vom Wesen Gottes. ... Da sie infolgedessen die Frömmigkeit nur nach der Art der Opfer bemessen, so halten sie uns zweierlei vor, nämlich daß wir nicht opfern und nicht an die nämlichen Götter glauben

---

[42] Apol., 9f.
[43] Octavius XXXII, 1–3.

wie der Staat. Betrachtet mir nun, Herrscher, diese beiden
Vorwürfe, und zwar zuerst den, daß wir nicht opfern. Der Bild-
ner und Vater dieses Alls bedarf keines Blutes und keines Fett-
duftes und auch keines Wohlgeruchs von Blumen und Räu-
cherwerk, da er selbst der vollkommenste Wohlgeruch ist und
weder in sich selbst noch von außen her etwas mangelt. ...
Wenn wir uns also an Gott anschließen ... und heilige Hände
zu ihm erheben, wie sollte er da noch einer Hekatombe bedürfen?"[44]

Gleichzeitig nehmen wir freilich auch das Bestreben wahr, dem
schlichten eucharistischen Mahl Opfercharakter zuzuspre-
chen.[45] Wie wir sahen (vgl. S. 68) bahnt sich das Opferverständnis
der Eucharistie schon bei Justin an. Zwar betrachtet er Eucharistie mit Bestimmtheit als Gedächtnis und Vergegenwärtigung
der Passion Jesu. Dennoch scheint sich bei ihm die Unterscheidung zwischen memoria (Gedächtnis) und Opfer zu verwischen.
Dies legt vor allem sein mehrfacher Bezug auf die Verheißung
eines an allen Orten dargebrachten reinen Opfers bei Maleachi
(1, 10–12) und ihre Erfüllung in der Eucharistie nahe.[46] „Diese
Prophezeiung bezieht sich auf die von uns Gott an jedem Ort dargebrachten Opfer, das ist auf das Brot der Eucharistie und ebenso
auf den Kelch der Eucharistie."[47]
Dennoch wird der Titel hiereus, Priester, in der gesamten
christlichen Literatur der ersten zwei Jahrhunderte vermieden.
Das wird sich im 3. Jahrhundert ändern.

---

44 Bittschrift, 13.
45 Stockmeier, 899.
46 Munier, 139.
47 Dial., XLI, 3.

92

2

Hierarchie im Werden

(1) Gemeinde und Amt
in den Briefen des Neuen Testaments

Wie die Entwicklung im einzelnen verlief, ist mehrfach und von berufenster Hand dargestellt worden.[48] Den frühchristlichen Gemeinden ist die Vorstellung einer „Obrigkeit" fremd. Zwar zögerte Paulus nicht, eher zweitrangige Diskussionen auch einmal durch ein „Machtwort" zu beenden (1 Kor 11,16).[49] Und er scheute sich auch nicht, seinen „geliebten Kindern", die er „durch das Evangelium gezeugt" hatte (1 Kor 4,14f; vgl. Phlm 10), *sich selbst* als nachahmenswertes Beispiel vor Augen zu stellen (1 Kor 4,16; vgl. 11,1; Phil 4,9), ja ihnen schlimmstenfalls sogar mit dem „Stock" zu drohen (1 Kor 4,21).[50] Doch sobald es

---

[48] Für die ersten drei Jahrhunderte im besonderen H. von Campenhausen, Kirchliches Amt; ders., Priesterbegriff; A. Faivre, Naissance: ders., Les *laïcs*; ders., Ordonner la fraternité, Paris 1992. – Für die neutestamentliche Zeit: W. Pesch, Hübner, Kertelge, Hoffmann. Zum Grundsätzlichen vgl. H. Ritt, der im Anschluß an Roloff vor einer vorschnellen Systematisierung der Ämter und Dienste im Neuen Testament warnt: „Die Quellenlage erlaubt uns nicht, eindeutige Entwicklungslinien zu ziehen" (Priestersein heißt: „Von Gottes maßloser Liebe Zeugnis geben", in: J. Schreiner (Hg.), Freude am Gottesdienst. FS für J. G. Plöger, Stuttgart 1983, 383–393, 390). – Zum Amt insgesamt (mit Lit.): W. Beinert, Autorität um der Liebe willen. Zur Theologie des kirchlichen Amtes, in: K. Hillenbrand (Hrsg.), Priester heute, Würzburg 1990, 32–66.
[49] Zu dem in 1 Kor 11,2–16 angesprochenen Problem, dessen Lösung „hinter dem eigentlichen paulinischen Niveau zurückbleibt und an Gal 3,28 zu messen" ist, vgl. jetzt W. Schrage, Der erste Brief an die Korinther. Teilband 2, Düsseldorf/Neukirchen 1995, 487–541, 525.
[50] Vgl. hierzu: Schäfer 353–369.657–667, der das Vaterbild des Paulus „paradox" als „brüderliche Väterlichkeit" charakterisiert, darin aber auch „stark weiblich-mütterliche Züge wie Zärtlichkeit und Herzlichkeit integriert" findet (vgl. 1 Thess 2,7ff.; Gal 4,19f.; 2 Kor 6,11–13; 7,22f.), in starkem Unterschied zu den Pastoralbriefen. „Gemeinde wird dort nämlich als ‚Haus Gottes' dargestellt, dem die Amtsträger als ‚Hausväter' oder ‚Hausverwalter' in autoritativ-patriarchalischer Weise, ganz analog antiker Vorstellungen vom pater familias, ‚vorstehen'. Diese Strukturierung der Ge-

darum ging, daß die einzelne Gemeinde *ihre* Verbundenheit mit Christus verwirklichte, war für Paulus die Gemeinde insgesamt, das heißt der *ganze* Leib Christi[51], zum *gemeinsamen Handeln*, nicht aber zum stillen Gehorsam verpflichtet: beispielhaft bei der Feier des Herrenmahles (1 Kor 11, 17–34)[52], aber auch bei Fragen der Gemeindezucht (1 Kor 5, 1–13).[53] Und so war es für Paulus ganz selbstverständlich, daß *neben* Aposteln (nicht ihnen untergeordnet!) noch *Propheten* und *Lehrer* ihres Auftrags walteten (1 Kor 12, 28; vgl. Eph 4, 11). Die Propheten und Lehrer spielten ja schon in der Gemeinde von Antiochien eine maßgebliche Rolle (Apg 13, 1)[54], und wie wir sahen *(vgl. S. 66)*, haben in der Didache-Gemeinde die Episkopen und Diakone Mühe, sich gegenüber den Propheten und Lehrern durchzusetzen. In den paulinischen Gemeinden setzen aber noch andere ihre vom Geist gewirkten Gaben, etwa der Heilung, des Zuspruchs, des Trostes und der Hilfeleistung, zum Besten der Gemeinde ein (Röm 12; 1 Kor 12). Alle Getauften „sollen es ernst nehmen, daß jedes Glied am Leibe Christie eine besondere Würde hat und zur Mitverantwortung am Aufbau einer brüderlich-schwesterlichen Gemeinde unter der Leitung des Heiligen Geistes berufen ist; Privilegierungen und Diskriminierungen müssen von hierher ausgeschlossen sein, denn die verschiedenen Charismen und ‚Ämter' begründen in der

---

meinde in den Kategorien von Oben-Unten, Befehlen-Gehorchen, Erziehen-Hören, Lehren-Lernen mit einer klaren Aufteilung der Rollen findet sich bei Paulus nicht" (368 f.).

[51] Erst die Deuteropaulinen denken beim „Leib Christi" an die Gesamtkirche, vgl. J. Hainz, Vom „Volk Gottes" zum „Leib Christi", in: Jahrbuch für Biblische Theologie 7 [1992], 145–164; Roloff, 96–99.

[52] Vgl. Hoffmann, 29: „In 1 Kor 11 erscheint dessen Vollzug als Angelegenheit der ganzen Gemeinde." Ähnlich auch H.-J. Klauck, 1. Korintherbrief, Würzburg 1984, 82: „Es fällt auf, daß Paulus keinen einzelnen direkt anspricht und für die Ordnung verantwortlich macht, was er fast notwendig hätte tun müssen, wenn es nur einen einzigen Gemeindeleiter gegeben hätte."

[53] Der Apostel kann das Urteil der Gemeinde nicht einfach vorwegnehmen (1 Kor 5, 4 f. 13; 2 Kor 2, 6–8). Vgl. im einzelnen zuletzt W. Schrage, Der erste Brief an die Korinther. 1. Teilband. Zürich/Neukirchen 1991, 367–385.

[54] Von Antiochien dürfte Paulus überhaupt die Trias *Apostel* (im ursprünglichen Sinn als „Abgesandte", vgl. Apg 14, 4.14) – *Propheten* – *Lehrer* übernommen haben, vgl. Merklein: Amt, 249–260; Zimmermann, 92–135.

Gemeinde keine Herrschaft, sondern sie sind letztlich von der Gesamtgemeinde getragen und kontrolliert und im übrigen als ‚Dienst' *(diakonia)* für den Herrn und die Brüder verstanden."[55] Eine etwas überraschende Aufzählung von „Gaben" Christi finden wir dann am Ende des 1. Jahrhunderts im Epheserbrief: Apostel, Propheten, Evangelisten, Hirten und Lehrer (4, 11). Der Blick richtet sich auf die Vergangenheit und auf die Gegenwart. Die Erwähnung der „Hirten" zeigt, daß mittlerweile „den Gemeindeleitern eine zentrale Rolle zugewachsen ist".[56]

Je deutlicher sich freilich das Ende der Apostelzeit abzeichnete, umso mehr drängte sich, fast zwangsläufig[57], eine dauerhafte Ämterstruktur auf. Den Anfängen einer solchen begegnen wir vermutlich, wenn in einem der letzten Paulusbriefe, dem Philipperbrief, erstmals von „Vorstehern" (Aufsehern, Episkopen) und „Dienern" (Diakonen) die Rede ist (1, 1), mögen sie auch *nach* den „Heiligen", den Gläubigen, genannt werden. Keinesfalls aber handelt es sich bei den Episkopen und Diakonen um sakrale Ämter oder gar um eine Hierarchie, eine Priesterordnung[58], so wenig

---

[55] Schäfer, 407.

[56] Hoffmann, 35. Wie es dazu kam, daß die Gemeindeleiter *ohne* „christologische Vermittlung", d. h. ohne Rekurs auf das Hirten*amt* Christi, als „Hirten" bezeichnet wurden, verdeutlicht Merklein: Amt, 372–392.

[57] Aber eben nur *fast* zwangsläufig! Die johanneische Gemeinde beweist, daß es nicht einfach das Evangelium ist, das in der Gemeinschaft der Jünger und Jüngerinnen Jesu eine Ämterstruktur aus sich entläßt; vgl. Klauck: Gemeinde, 218: „Gab es in der johanneischen Gemeinde Ämter und Amtsträger? Das ist nicht zuletzt eine Frage der Definition. Wenn wir die Amtsvorstellungen in den Pastoralbriefen und bei Ignatius von Antiochien als Vergleichsbasis wählen, werden wir antworten müssen: Ein solches Amt hat die johanneische Gemeinde lange Zeit nicht gekannt und, als sie es in welcher Form auch immer kennenlernte, für sich zunächst nicht akzeptiert. Mit einer amtlich verfaßten Gemeindeordnung hat man sich erst abgefunden, als man sich unter dem Druck der Ereignisse der petrinischen Kirche anschloß und auf Dauer in der Großkirche aufging."

[58] Die Bezeichnung *episkopos* ist völlig profaner Herkunft und entstammt dem Bereich der Verwaltung und Dienstleistung. „Allerdings waren die Episkopen des Philipperbriefes sicherlich nicht nur gemeindliche Verwaltungsfunktionäre, die für die Kassenführung zuständig waren. In ihnen haben vielmehr die in 1 Kor 12, 28 genannten Charismen der *Unterstützung* und *Leitung* ihre personelle Institutionalisierung gefunden. Der Bereich der

wie bei den „Ältesten" (Presbytern), die in judenchristlichen Gemeinden die Geschicke der Ortskirche in die Hand nehmen (in Jerusalem: Apg 11,30; 15,2.4.6; in Ephesus: Apg 20,17).[59] Diese „Ältesten", auch – zumindest zunächst – im Sinne des Lebensalters, wahrten in den paulinischen und johanneischen Gemeinden in idealer Weise die Kontinuität der nachapostolischen Ortskirche mit der Gründergeneration.[60] Beiden „Verfassungen" ist gemeinsam, daß das Leitungsamt die für die Gemeinden relevanten Funktionen an sich zieht, „vor allem die der Lehre und der Leitung des Gottesdienstes".[61]

Indes konnte es nicht ausbleiben, daß die beiden „Verfassungen" (Episkopen/Diakone und Presbyter) sich vermischten, so daß in einem Atem von „Ältesten" und „Episkopen" gesprochen wird (Tit 1,5–7). „Das läßt auf die Absicht des Verfassers schließen, die Ältesten, mit deren Vorhandensein er in den angeschrie-

---

Gemeinde, der der Unterstützung und Leitung am meisten bedurfte, war der Gottesdienst. Hier konnte man sich nicht auf Dauer mit improvisierten Initiativen behelfen, Konstanz und feste Ordnung waren erforderlich. Die verschiedenen Hausgemeinden bedurften permanenter Versammlungsorte und einer Regelung des Vorsitzes beim eucharistischen Gottesdienst. Außerdem war die Koordination der verschiedenen Hausgemeinden nötig. So hat die Vermutung am meisten für sich, daß die Episkopen in Philippi die Vorsitzenden der dortigen Hausgemeinden waren. Es handelte sich also um ein örtliches Leitungsamt mit geistlicher Qualität" (Roloff, 142).

[59] Roloff, 81: „Die Ältestenverfassung legte sich im jüdischen Bereich nahe, wo es galt, bestimmte feste Formen gemeinschaftlicher Lebensgestaltung zu entwickeln. In der Synagoge war der Älteste der Repräsentant der Tradition, der seine Erfahrung mit dem Gesetz weitergab und so die Kontinuität des gemeindlichen Lebens zu bewahren half. Was dafür qualifizierte, war Reife und Bewährung im Leben. So waren es in der Regel Männer fortgeschrittenen Alters, die man dafür auswählte. In der Urgemeinde wird es kaum anders gewesen sein. Es waren bewährte und erprobte Christen, die als Gremium über bestimmte das Gemeindeleben betreffende Fragen zu entscheiden hatten und als einzelne je nach Bedarf Hilfe leisteten und administrative Dienste übernahmen. Auf alle Fälle stellen die Ältesten ein Element verfassungsmäßiger Ordnung dar."

[60] Hoffmann, 38f.; möglicherweise findet Polykarp (um 135) deshalb in Philippi statt der von Paulus (Phil 1,1) erwähnten Episkopen Presbyter vor (Polykarpbrief 6,1f.; 11,1). Zum „Ältesten" in der johanneischen Gemeinde (2 Joh 1; 3 Joh 1) vgl. Klauck, 207.

[61] Hoffmann, 32.

benen Gemeinden mindestens teilweise rechnet, mit Episkopen gleichzusetzen, um so das Ältestenamt auf das Episkopenamt hin zu interpretieren. Dabei geht es nicht nur um die Ersetzung eines Begriffs durch einen anderen. Die auf jüdische Vorbilder zurückgehende Ältestenverfassung beruhte auf dem Prinzip des natürlichen Ansehens aufgrund von Lebensalter, Erfahrung und gesellschaftlicher Stellung. Das Ältestenamt war ein *Ehrenamt mit stark repräsentativen Zügen.* Glieder des Ältestengremiums wurden die in der Öffentlichkeit angesehenen Gemeindeglieder. Das aber widersprach dem Ansatz beim Charisma, denn in den paulinischen Gemeinden entstanden konkrete Dienste dadurch, daß Charismen anerkannt, bestimmte Fähigkeiten und Gaben für die Auferbauung der Kirche in Dienst genommen wurden (1 Kor 12,28–31). Eben auf diesem Prinzip beruhte das Episkopenamt; es ist von einem bestimmten Auftrag her definiert, und es setzt von daher bestimmte Fähigkeiten und Gaben voraus. Die Pastoralbriefe erweisen sich mit dessen Favorisierung grundsätzlich als dem paulinischen Ansatz beim Charisma verpflichtet. Konkret scheinen sie sich den Übergang von den Ältesten- zur Episkopenordnung so vorzustellen, daß jeweils aus dem Ältestenrat einer Gemeinde einer hervortritt, der in besonderem Maße Verantwortunng für Verkündigung und Gemeindeleitung übernimmt und sich so als Episkope qualifiziert (1 Tim 5,17). Die unausgesprochene Voraussetzung ist dabei, daß es in jeder Gesamtgemeinde nur *einen Episkopen als verantwortlichen Leiter* geben soll. Sie ergibt sich aus dem Verständnis der Gemeinde als Großfamilie, denn diese kann nur *einen* Hausvater bzw. -verwalter haben. Eine notwendig auf den *Monepiskopat* hinlaufende Entwicklung ist damit angestoßen."[62]

Dementsprechend ermahnt auch der lukanische Paulus in seiner Abschiedsrede in Milet die *Presbyter* von Ephesus: „Habt acht auf euch selbst und auf die ganze Herde, in der euch der Heilige Geist zu *Episkopen* gesetzt hat, die Gemeinde des Herrn zu weiden" (Apg 20,28).[63]

---

[62] Roloff, 261 f. Ausführlicher dazu ders., Der erste Brief an Timotheus, Zürich/Neukirchen 1988, 169–189.
[63] Auch Lukas versucht also, die alte palästinische Ältestenverfassung

Die Ältestenverfassung mußte es auch mit sich bringen, daß das kirchliche Amt eine Männersache wurde, während es unter den Diakonen zweifellos auch Frauen gab (1 Tim 3, 11)[64], ja selbst Skavinnen[65], und „der Diakon" Phoebe, in deren Haus sich offenbar die Gemeinde von Kenchräa versammelte (Röm 16,1f), dürfte dabei auch der Eucharistie vorgestanden haben. Dasselbe gilt von Priska und Aquila und „der Gemeinde in ihrem Haus" (Röm 16,3–5), von den dem Apostelkreis zugerechneten Andronikus und Julia (Röm 16, 17) und von „Nympha und ihrer Hausgemeinde" (Kol 4, 15).[66] Umgekehrt fällt auf, daß in den Pastoralbriefen

durch Verbindung mit der (paulinischen) Episkopen- und Diakonenverfassung umzugestalten; vgl. Roloff, 220f.; 262 Anm. 26. Dementsprechend ist „Episkop" hier als Funktions- und nicht als Amtstitel zu verstehen (so auch 1 Klem 42,4f.; Fischer, 10, anachronistisch: „Bischöfe, nicht einfache Priester").

[64] „Es spricht alles dafür, daß es in V. 11 nicht um Frauen der Diakone, sondern um weibliche Diakone, also um Amtsträger, geht" (G. Lohfink, Weibliche Diakone im Neuen Testament, in: G. Dautzenberg [Hg.], Die Frau im Urchristentum, Freiburg i.Br. 1983, ²1992, 320–338, hier 333). Dezidiert wendet sich gegen dieses Verständnis J. D. Davies, Deacons, Deaconesses and the Minor Orders in the Patristic Period (in: The Journal of Ecclesiastical History 14 [1963], 1–15), der nachweist, daß das Amt des weiblichen Diakons in der Ostkirche in der 1. Hälfte des 3. Jahrhunderts entstand, in der Westkirche nicht vor dem 5. Jahrhundert. Jedenfalls wird man sich hüten müssen, von möglichen weiblichen Diakonen im Neuen Testament eine direkte Linie zu ziehen zum viel späteren Kirchenamt der Diakonisse, deren Aufgabe es war, kranke Frauen zu besuchen, ihnen die Eucharistie zu bringen, bei der Taufe der Frauen mitzuwirken, jedoch ohne in der Liturgie fungieren und – wie der männliche Diakon – den Presbyter bei Abwesenheit vertreten zu können.

[65] Plinius d.J. berichtet aus der Doppelprovinz Bithynien-Pontus in seinem Brief an den Kaiser Trajan (Ep. X, 96, zwischen 111 und 113), er habe zwei Sklavinnen foltern lassen, „die Dienerinnen genannt wurden" (quae ministrae dicebantur). „Der Satz über die beiden ministrae („Diakonissen") ist der früheste Beleg, daß Sklaven niedere Gemeindeämter bekleiden konnten" (Guyot/Klein I, 38–41.323). Gegen diese Auslegung („Diakonissen") die gleichen Vorbehalte bei Davies (Anm. 64). In der Tat ist es verwunderlich, daß wir hernach 150 Jahre lang von Diakonissen nichts mehr hören.

[66] Sowohl Junia als auch Nympha, noch in der Vulgata (4. Jh.) Frauen, wurden von einer späteren Überlieferung zu Männern gemacht (zum einzelnen vgl. neben den Kommentaren z. St. auch noch H.-J. Klauck, Vom Reden und Schweigen der Frauen in der Urkirche, in: ders., Gemeinde – Amt – Sakra-

(1 und 2 Tim; Tit)[67] Bischof und Presbytern – es gibt zwischen beiden keine hierarchische Stufung – keine *kultische* Funktion zugeschrieben wird. Vielmehr wird ihr Amt „seinem Wesen und seinem ganzen Umfang nach als ein *Lehramt* behandelt".[68] Ähnliches gilt vom *Jakobusbrief* (Ende 1. Jahrhundert). Die Presbyter sind doch eine – fast möchte man sagen – beiläufige Größe, gerade gut, um die Kranken zu besuchen und über sie zu beten (Jak 5, 14).[69] Die Tonangebenden sind vielmehr die Lehrer.[70]

---

ment, Würzburg 1989, 232–245). – Zu den stadtrömischen Hausgemeinden des 1./2. Jahrhunderts und ihren Kulträumen s. Lampe, bes. 307–320: Es hat in den beiden ersten Jahrhunderten „Hauskirchen" im Sinn von speziell für den Gottesdienst abgesonderten Räumen in Privathäusern nicht gegeben. „Die Christen des 1./2. Jahrhunderts feierten ihre Gottesdienste in irgendwelchen Wohnräumen, die alltags von den Bewohnern wieder anderweitig genutzt wurden" (309).

[67] „Nach dem ersten Drittel des zweiten Jahrhunderts": Hübner, 64.

[68] von Campenhausen: Kirchliches Amt, 67; vgl. auch Roloff, 263: „Als einziges spezifisch geistliches Merkmal wird die *Lehrfähigkeit* des Episkopen aufgeführt: ein erster Hinweis darauf, daß das Amt der Gemeindeleitung für die Pastoralbriefe ein *lehrendes Amt* ist."

[69] Boshaft: Damit können sie am wenigsten Schaden anrichten.

[70] Vgl. J. Wanke, Die urchristlichen Lehrer nach dem Zeugnis des Jakobusbriefes, in: R. Schnackenburg u. a., Die Kirche des Anfangs. FS für H. Schürmann, Leipzig 1977, 489–511; Zimmermann, 194–208; zu den Lehrern insgesamt: neben Zimmermann besonders H. Schürmann, ... und Lehrer, in: Dienst der Vermittlung. FS zum 25jährigen Bestehen des Philosophisch-Theologischen Studiums im Priesterseminar Erfurt, Leipzig 1977, 107–147. Für das 2. Jahrhundert, anschließend an Zimmermann, die umfassende Monographie von Neymeyr. Hervorzuheben u. a.: „Die Quellen beantworten nicht die Frage, wovon diejenigen christlichen Lehrer ihren Lebensunterhalt bestritten, die weder ... über ein beachtliches Familienvermögen verfügten noch ihre Lehrtätigkeit neben ihrem eigentlichen Beruf ausübten. ... Wahrscheinlich forderten die christlichen Lehrer von ihren Schülern oder Zuhörern keine Honorare. Es ist aber aufgrund der weiten Verbreitung des Mäzenatentums im antiken Bildungswesen durchaus denkbar, daß auch christliche Lehrer von reichen christlichen Gönnern unterstützt wurden, wie es Eusebius von Origenes berichtet. Weniger wahrscheinlich ist dagegen, daß die in dieser Untersuchung behandelten christlichen Lehrer von den christlichen Gemeinden bezahlt wurden, da nirgends erkennbar wird, daß sie ihre Lehrtätigkeit im Gemeindeauftrag ausübten und da sie keine Amtsträger waren. Beides schließt aber nicht aus, daß die christlichen Lehrer des zweiten und beginnenden dritten Jahr-

Während der „Hirt des Hermas"[71] einen monarchischen Episkopat sicher noch nicht kennt, wird unterschiedlich darüber
geurteilt, ob wir in den Pastoralbriefen schon der Leitung der Gemeinde durch *einen* Bischof begegnen[72] und ob Polykarp mon-
archischer Bischof von Smyrna ist.

Wichtiger als die Frage nach den Ämtern ist jedoch für unser
Thema etwas anderes: Wir begegnen in den Pastoralbriefen bereits einem gewissen Abstand zwischen Amtsträgern und Gemeinde. „Die Verantwortlichkeit ist auf die Amtsträger allein
übergegangen ..., die Gemeinde ist ausschließlich das Gegenüber
des Amtsträgers und Gegenstand seiner pastoralen Bemühung."
„Es ist eine (im Gottesdienst) betende und hörende Gemeinde",
der auch bei der Auswahl und Bestellung des Amtsträgers keine
Mitwirkung mehr zukommt.[73]

(2) Ignatius von Antiochien

Eine entscheidende Wende zu dieser Entwicklung bezeugen die
Briefe des Bischofs und Märtyerers *Ignatius* von Antiochien, die
von der neuen Forschung zwischen 160 und 170 angesetzt werden.[74] Hier finden wir erstmals den monarchischen Episkopat
und die Hierarchie von Bischof (immer in der Einzahl), Presbyte-

---

hunderts in lebendigem Kontakt mit den christlichen Gemeinden standen,
vielmehr kann ihr Gemeindebezug durchgängig nachgewiesen werden. ...
Solche christlichen Lehrer gab es bis zur Mitte des dritten Jahrhunderts.
Danach wurden Lehrer, die keine Kleriker waren, zu einer Ausnahme-
erscheinung. ... Die Funktion der christlichen Lehrer wurde seit der Mitte
des 3. Jahrhunderts von den Episkopen und Presbytern übernommen"
(235–238).

[71] Eine um 140 in Rom von einem angesehenen Christen namens Hermas
geschriebene Bußlehre, die bei manchen Kirchenvätern kanonisches Ansehen genoß.

[72] In diesem Sinn vor allem von Campenhausen: Kirchliches Amt, 117; ab-
lehnend N. Brox, Die Pastoralbriefe. Regensburg 1969, 43: „Von mon-
archischem Episkopat kann noch nicht gesprochen werden." So auch Hübner, 65 f.

[73] Brox, 46 und 44; vgl. Hübner, 68.

[74] Hübner, 78.

rium und Diakonen. Dies scheint nun bereits die geltende Kirchenordnung zu sein. Ignatius steht als Bischof von Antiochien nicht allein da. Vielmehr sind nach seiner Darstellung Bischöfe schon „eingesetzt bis an die Grenzen (der Erde)" (ad Eph 3,2). „Tut nichts ohne den Bischof", so lautet fortan die Parole. Der Bischof stellt Christus dar. Darum sollen die Gläubigen sich ihm unterordnen, wie sie sich Christus unterordnen (Trall 2,1). „Gut ist es, Gott und den Bischof anzuerkennen. Wer den Bischof ehrt, steht in Ehren bei Gott; wer hinter dem Rücken des Bischofs etwas tut, dient dem Teufel" (Smyr 9,1). In der Tat beklagt Ignatius, daß „es auch Leute gibt, die den Bischof zwar so nennen, aber alles ohne ihn tun. Solche scheinen mir jedoch kein reines Gewissen zu haben" (Magn 4).

Indes gibt es den Bischof nicht allein, sondern nur im Verbund mit den Presbytern und Diakonen. Sie zu ehren, sich ihnen unterzuordnen ist ebenso Pflicht wie gegenüber dem Episkopen. „Wie der Herr ohne den Vater, mit dem er eins ist, nichts getan hat, ... so sollt auch ihr ohne den Bischof und die Presbyter nichts unternehmen" (Magn 7,1). Wer etwas ohne Bischof, Presbyterium und Diakone tut, befindet sich „außerhalb des Altarraums" (Trall 7,2).

In dieser Dreistufung Bischof, Presbyter und Diakone zeichnet sich unverkennbar bereits der Stand des Klerus und die Hierarchie überhaupt ab. Und nun schließt sich der Kreis. Es war nämlich die *Eucharistie*, die die singuläre Stellung des Bischofs beförderte.[75] Bischof und Eucharistie verschmelzen zu einer Einheit. Er ist der Garant der Einheit, die durch die Eucharistie dargestellt und bewirkt wird. „Deshalb seid darauf aus, *eine* Eucharistie zu gebrauchen, denn *eines* ist das Fleisch unseres Herrn Jesus Christus und *einer* der Kelch zur Vereinigung mit seinem Blut, *einer* der Opferaltar (thysiasterion), wie *einer* der Bischof zusammen mit dem Presbyterium und den Diakonen" (Philad 4). Wenn freilich gefordert wird, nur jene Eucharistiefeier solle als zuverlässig gelten, die unter dem Bischof oder einem vom ihm Beauftragten stattfinde (Smyr 8,1), so ist damit allein die *Autori-*

---

[75] Fischer, 127.

tät des Bischofs und nicht eine ihn auszeichnende Weihe angesprochen. Der Hierarchie Bischof, Presbyter und Diakone stehen die Gläubigen gegenüber, aber noch nicht als „Laienstand" einem „geistlichen Stand". Die Amtsträger sind keine „Geistlichen".[76] *Dieser* Wandel vollzieht sich zu Beginn des 3. Jahrhunderts gleichsam über Nacht (wie es in der Geschichte immer wieder Umstürze gab, die sich „über Nacht" ereigneten, einfach weil die Zeit dafür reif war). Freilich ist bei *Irenäus* von Lyon (um 200) davon noch nichts wahrzunehmen. Wie VON CAMPENHAUSEN hervorhebt, rechnet dieser „nicht mit einem eigenen sakramentalen ‚Charakter' der Bischöfe und betont ihre Autorität niemals im Gegensatz zu den Laien oder gar zum übrigen, nichtbischöflichen Klerus der Gemeinde."[77] Dennoch läßt sich die Entwicklung zu einer Zwei-Stände-Kirche, bestehend aus *ordo* und *plebs*, Geistlichen und Laien, nicht aufhalten, wie für die Kirche von Karthago *Tertullian* bezeugt, für die römische *Hippolyt*, für Alexandrien *Klemens* und *Origenes*.[78]

(3) Die Kirche wird zur Kleruskirche

Im Verlauf des 3. Jahrhunderts wird die Scheidung zwischen Klerus und Laien zur vollendeten Tatsache. Die Kirche wird zur Kleruskirche. Auf der einen Seite steht das vom Bischof präsidierte „Presbyterium" (wobei der Bischof diesem bald zugehört, bald über ihm steht), auf der anderen Seite stehen die Gläubigen.[79]
Bereits im 1. Viertel des dritten Jahrhunderts führt uns Hippolyt in der „Apostolischen Überlieferung" (ob sie wirklich von Hippolyt stammt, ist unwichtig) eine mehr oder weniger klare

---

[76] Christus, den der Bischof darstellt, wird ein einziges Mal Hoherpriester genannt (Philad 9, 1).
[77] Ders.: Kirchliches Amt, 188f. Zum sakramentalen Charakter ergänzt von Campenhausen in einer Anmerkung: „Dieser kommt für unsere Zeit überhaupt nicht in Betracht."
[78] Faivre: Les laïcs, 95–97.
[79] Vilela, 387.

kirchliche Organisation vor: Der *Bischof* ist Hoherpriester, Hirte, Lehrer und Entscheidungsträger der Gemeinde. Er wird vom *Presbyterium* umgeben. Bischof, *Presbyter* und *Diakone* bilden den Klerus *(ordo, clerus, proedria*[80]*)*. Was den gesamten Klerus von den Laien trennt, ist der Vollzug der Liturgie. Es gibt noch andere Stände[81], aber sie werden nur in ihre Funktion eingesetzt. Der Klerus aber wird durch *Handauflegung* ordiniert, weil er in der *Liturgie* eine Rolle spielt. Diese erfordert eine Weihe. Diese Weihe darf aber nicht mit der *Priesterweihe* verglichen werden, wie sie sich seit dem 5. Jahrhundert einbürgert. Es ist keine Weihe *ad personam*, die dem Empfänger *anhaftet*, sondern – wir könnten sagen – *ad officium*, d. h. dieses Priestertum *ad officium* befähigt zur Wahrnehmung eines Amtes. Es besteht nur solange, wie das Amt besteht. Die Weihe ist streng durch das Amt bedingt und an das Amt gebunden. Sie ist kein Sakrament, sondern die Übertragung eines Amtes.[82]

(4) Priester, weil Opfer

Daß die Institution des Priestertums mit dem Beginn des 3. Jahrhunderts aufkommt – „das Wort ‚sacerdos‘, Priester, erscheint zum erstenmal für die christlichen Bischöfe und auch Presbyter bei Tertullian"[83] – ist kein Zufall. Denn seit dem Anfang des 3. Jahrhunderts ist auch das Verständnis der Eucharistie als Opfer fest begründet. Bis dahin brauchte es rund hundert Jahre. Schon in der Frühzeit, beginnend mit den neutestamentlichen Einsetzungsberichten, unterliegt das ursprüngliche Freundesmahl mit dem auferstandenen Herrn einem Deutungszwang und wird als

---

[80] Der Begriff *ordo* schließt die Witwen ein, zum *clerus* gehören nur Männer.

[81] Subdiakone, Akolyten, Exorzisten, Lektoren, Türhüter, Witwen. Die Subdiakone waren die Assistenten der Diakone. Sie wurden auch dadurch nötig, daß die Zahl der Diakone, unter Bezug auf Apg 6,5, in der Regel auf sieben beschränkt blieb.

[82] von Campenhausen sieht in der Ordination einen „sakramentalen Akt" (Ders.: Kirchliches Amt, 126), ohne aber die *Sache* anders zu verstehen.

[83] von Campenhausen: Priesterbegriff, 276.

memoria, als Gedächtnis und Vergegenwärtigung seiner Passion gefeiert. Seit Beginn des 2. Jahrhunderts jedoch finden wir erste Ansätze dafür, daß die Gemeinde ihren geopferten Herrn dem Vater darbringt.[84] Christus wird zum Opfer der Kirche, eine Entwicklung, die, wie wir sahen (S. 89 ff), durch den Vorwurf des Atheismus seitens des römischen Staates gefördert wurde.

Schon im 1. Klemensbrief wird den aus ihrem Dienst (*leiturgia*) verdrängten Presbytern attestiert, sie hätten „untadelig der Herde Christi in Demut gedient *(leiturgesantes)*" (44, 3) und „untadelig und fromm die Opfer *(dora)* dargebracht" (44, 4). Daß *leiturgia* hier keinen kultischen Sinn hat, sondern allgemein die Amtsführung meint, ist unbestritten. Umstritten ist jedoch, ob bei den „Opfern" auch oder vornehmlich an die Eucharistie gedacht wird.[85]

Daß wir bei Justin Äußerungen finden, die sich schwerlich anders als im Sinn der späteren katholischen Lehre verstehen lassen, haben wir gesehen (S. 66 ff). *Ignatius* von Antiochien spricht den Opfercharakter der Eucharistie zwar nicht aus, „deutet ihn aber wohl an". Er selbst möchte Gott geopfert werden, solange noch ein Opferaltar *(thysiasterion)* bereit steht, wobei er offenbar voraussetzt, daß sich um einen solchen die Gemeinde versammelt.[86] *Klemens von Alexandrien* handelt nirgendwo thematisch von den Sakramenten, auch nicht von der Eucharistie. Aus gelegentlichen Äußerungen ist jedoch ersichtlich, daß die Eucharistie für ihn Gebet, Mahl und Opfer zugleich ist.[87] „Es bleibt … zu bemerken, daß auch Klemens die Opferidee mit der Eucharistie verbindet."[88]

Schließlich die beiden Karthager Tertullian und Cyprian. Es muß auffallen, daß *Tertullian* zwar einen Traktat über die Taufe und einen über die Buße schrieb, aber keinen über die Euchari-

---

[84] Vgl. W. Rordorf, Le sacrifice eucharistique (Liturgie, 59–71).
[85] Positiv Fischer z.St. („vor allem" die Eucharistie) und noch nachdrücklicher G. Blond, Clément de Rome (Rordorf u. a., L'eucharistie, 29–51, 37 f). Lindemann z.St. bezweifelt, daß „wir es hier mit dem frühesten Beleg für das katholische Abendmahlsverständnis zu tun" haben.
[86] Fischer, 131.
[87] A. Méhat, Clement d'Alexandrie (L'eucharistie, 101–127, 111–113).
[88] Betz, 47.

stie. Dennoch ist gerade er es, dem wir das reichste Vokabular über die Eucharistie verdanken. Dazu gehört etwa die Bezeichnung *dominica sollemnia* und vor allem der seither in der Kirche klassisch gewordene Name „Sakrament der Eucharistie" *(eucharistiae sacramentum)*.[89] Realpräsenz und Opfer sind für Tertullian die Wesenszüge der Eucharistie.[90] Bemerkenswert ist außerdem, daß bei Tertullian „bewährte Älteste" *(probati seniores)* der Eucharistie vorstehen.[91]

Cyprian von Karthago wird uns noch etwas näher beschäftigen. Was die Eucharistie angeht, so steht er im Ruf, ihren Opfercharakter am stärksten betont zu haben. Hier ist jedoch Vorsicht geboten. Wie vor allem sein 63. Brief, geschrieben im Jahr 253, zeigt, ist die Eucharistie für ihn zwar *sacrificium, passio, oblatio,* aber immer im altherkömmlichen Sinn von *memoria, commemoratio.* Sie ist *dominicae passionis et nostrae redemptionis sacramentum,* wobei *sacramentum* die sakramentale Vergegenwärtigung meint.[92]

Das ändert freilich nichts daran, daß nicht die *Vergegenwärtigung,* sondern die *Darbringung* des Opfers Jesu das Eucharistieverständnis des 3. Jahrhunderts beherrscht. Wo Opfer, da aber – für damaliges Denken – auch Priester. „Zunächst kommt die Vorstellung eines besonderen christlichen Kultus- und Opferdienstes auf, der dann die entsprechende Vorstellung eines besonderen priesterlichen Berufes und Standes sofort nach sich zieht. ... Der Gedanke des Priestertums folgt, wie gesagt, der Vorstellung des kultischen Opfers nach."[93] Dabei handelt es sich aber in dieser Zeit immer „noch um das erwähnte Priestertum als Amt.

---

[89] Zum einzelnen V. Saxer, Tertullien (L'eucharistie, 129–150).
[90] „présence reelle et sacrifice véritable, ainsi se pourrait définir l'eucharistie de Tertullien" (ebd., 149).
[91] Ebd., 132 147.
[92] R. Johanny, Cyprien de Carthage (L'eucharistie, 151–175, 161–164); vgl. Seagraves, 260.– Cyprian ist der älteste Zeuge der täglichen Eucharistiefeier.
[93] von Campenhausen: Priesterbegriff, 174–176.

(5) Wende mit Cyprian

Auch für Cyprian (Mitte 3. Jahrhundert) ist die Priesterweihe kein Sakrament.[94] Dennoch stellt Cyprian persönlich, aber auch seine Zeit – die Mitte des 3. Jahrhunderts – für die Strukturen des Klerus eine bedeutsame Wende dar. Diese verändern sich in dreifacher Hinsicht.

1. Ursprünglich *neben* den Episkopen und Presbytern und somit *außerhalb* des Klerus stehende Ämter wie das der Lehrer werden in die Hierarchie integriert. Damit unterstehen sie der Aufsicht und Kontrolle des Bischofs.[95]

2. Es gibt fortan die Möglichkeit des Aufstiegs von einem niederen Amt, das bis dahin ein bleibendes war, etwa dem des Lektors, zum Presbyter, wenn nicht gar zum Bischof. Die vorläufige Zuweisung in einen unteren Rang konnte verschiedene Gründe haben: jugendliches Alter[96], Probezeit, finanzielle Entschädigung. Der Presbyter stand in einer anderen „Lohnklasse".[97]

---

[94] Seagraves, 105

[95] Beispiele für diese Entwicklung bei D. Van Damme, Bekenner und Lehrer. Bemerkungen zu zwei nichtordinierten Kirchenämtern in der Traditio Apostolica, in: Cäcilia Fluck u. a. (Hg.), Divitiae Aegypti. FS für Martin Krause, Wiesbaden 1995, 321–330.

[96] Van Damme berichtet von „Bekennern" (Christen, die vor dem Richter standhaft ihren Glauben bekannten, unter Umständen bestraft, aber nicht hingerichtet wurden), die Cyprian wegen ihres jugendlichen Alters vorerst zu Lektoren machte, „in der Erwartung, daß sie später zum Presbyterat aufsteigen werden" (326). Auch für zivile Munizipalbeamte wurde ein Mindestalter von 25 Jahren gefordert (Herrmann, 46; vgl. unten Anm. 98). Ein besonders aufschlußreiches Beispiel eines solchen Aufstiegs entnehmen wir Cyprians Brief 55,8: Er berichtet über seinen Mitbruder Cornelius: „Was nämlich unseren teuersten Cornelius bei Gott und Christus und seiner Kirche sowie allen Mitpriestern lobend und rühmend empfiehlt: er ist nicht plötzlich zur bischöflichen Würde gelangt", sondern erst, nachdem er *alle kirchlichen Ämter (officia) durchlaufen* und sich im göttlichen Dienst oft genug Verdienste erworben hatte, ist er *über sämtliche Stufen* zum Episkopat gelangt.

[97] „Wie hoch dieser Lohn war, ist nicht auszumachen. Wir wissen aber, daß er reichen mußte, um den Lebensunterhalt zu bestreiten: Mit aller Deutlichkeit sagt Cyprian aus, daß den Priestern jeglicher Nebenberuf verboten war" (Van Damme, 327). Die negativen Nebenwirkungen des Klassen- und

3. Damit berühren wir schon den dritten Punkt: Das kirchliche Amt wird fortan ein Hauptberuf und damit ein Broterwerb, während es in der früheren Zeit nebenamtlich (neben einem profanen Beruf) ausgeübt wurde. Damit entwickelte sich die Kirche zu einer pseudostaatlichen Organisation.[98]

So verwundert es nicht, daß sich uns mit Cyprian sowohl innerhalb des Klerus als auch in dessen Verhältnis zu den Laien ein verändertes Bild darbietet. Im Klerus ist die hierarchische Ordnung Bischof, Presbyter und Diakon zur festen Einrichtung geworden. Gegenüber der „Apostolischen Überlieferung" sind jedoch zwei folgenschwere Wandlungen festzustellen:

(1) Zunächst findet die Stellung des Bischofs die höchstmögliche Aufwertung. *Sacerdos* ist bei Cyprian immer der Bischof, er ist der sacerdos *par excellence*.[99] Er nimmt die Stelle Christi ein *(sacerdos vice Christi*[100]). Als solcher ist er auch einzig Gott verantwortlich.[101] Die Bischöfe sind die Nachfolger der Apostel, der ersten Bischöfe.[102] Zugleich verselbständigt sich bei Cyprian der Stand der *Presbyter.* Diese stehen nun in eigener Vollmacht der Eucharistie vor und verkörpern dabei das levitische Priestertum des Tempels. Die Vorrechte des Bischofs (Erwählung, Geistbesitz, Sündenvergebung, Eucharistie) werden von ihm an die Presbyter weitergegeben. Er verteilt die „Lose" (*kleroi*), deren Empfänger dadurch zum „Klerus" werden.[103] Zu diesem gehören nicht nur die

---

Lohnaufstiegs sind (bis heute!) bekannt: Ehrgeiz, Gewinnsucht, Karrierestreben.

[98] Wie stark sich die Kirche in ihren Strukturen den römischen Verfassungsformen anglich, zeigt Herrmann beeindruckend (für Cyprian bes. 42–52). Dies gilt auch von der Terminologie. Beispiel: „*Ordinare* ist der Terminus technicus für die feste Anstellung im kaiserlichen Dienst" (44). Dasselbe gilt auch für Cyprian bezüglich der kirchlichen Hierarchie. „In the works of Cyprian, the verb *ordinare* and its associated noun *ordinatio* are not equivalent to the modern terms, to ordain and ordination" (Seagraves, 28), das heißt sie haben nichts mit „Weihe" zu tun.

[99] von Campenhausen: Kirchliches Amt, 310; Seagraves, 68.

[100] Seagraves, 68.

[101] Nach Seagraves, 3, ist Cyprian „the first writer to maintain that a bishop is responsible only to God".

[102] Seagraves, 27.

[103] Faivre: Ordonner, 80–82.

höheren Grade (Bischof, Presbyter, Diakon), sondern auch niedrigere wie Akolythen und Lektoren.[104] Die Zugehörigkeit zum Klerus bestimmt sich nicht mehr von der Liturgie her. Kleriker ist vielmehr schlechthin der Inhaber eines kirchlichen Amtes. (2) Dadurch vertieft sich die Kluft zwischen Klerus und Volk. Das Wortpaar *clerus* – *plebs* ist den Schriften Cyprians geläufig.[105] Kleriker und Laien werden scharf geschieden. Wenn der Bischof – oder sein Presbyter – die Kirche betritt, hat das Volk sich zu erheben.[106] So kann von einem Wandel aus einem „priesterlichen Volk" zu einem „Volk der Priester" gesprochen werden.[107]

Die Entwicklung hatte zur Folge, daß die Laien mehr und mehr zur Passivität verurteilt wurden. Ein schlagendes Bild dafür finden wir in den Pseudo-Klementinen, einem frühchristlichen Roman – dem ersten christlichen Roman überhaupt – aus der ersten Hälfte des 3. Jahrhunderts.[108] Darin gibt Petrus dem Klemens als seinem Nachfolger (!) Anweisungen über seine eigene Amtsführung sowie über die Pflichten der Presbyter, der Diakone, der Katecheten und der Gläubigen. Die Kirche wird mit einem Schiff verglichen, dessen Steuermann Christus ist. Der Bischof ist der

---

[104] Seagraves, 18.

[105] „On trouve souvent dans les écrits de saint Cyprien le binôme clerus-plebs. La plebs désigne le peuple chrétien et le *clerus*, le groupe dirigeant de l'Eglise" (Vilela, 259).

[106] von Campenhausen: Kirchliches Amt, 297–300.

[107] „du peuple de prêtres au peuple des prêtres": Faivre: Ordonner, 83.

[108] Aus einer Grundschrift entwickelten sich zwei Versionen, die in romanhafter Form die Wanderungen des Petrus in Palästina und Syrien und die Lebensgeschichte des Klemens von Rom erzählen. Dem Roman vorangestellt sind je ein Brief des Petrus und des Klemens an Jakobus, den Bischof von Jerusalem. Aus dem zweiten Brief das obenstehende Zitat.
Seit rund zwei Jahrhunderten ist die Bedeutung der Pseudo-Klementinen für unser Wissen über die alte Kirche erkannt. Die neuere Forschung wurde durch Cullmann, Le problème, eröffnet. Bericht über den heutigen Stand der Forschung bei Strecker; neue Behandlung: J. Wehnert, Abriß der Entstehungsgeschichte des Pseudoklementinischen Romans, in: Apocrypha 3 [1992], 211–235. Deutsche Übersetzung von J. Irmscher und G. Strecker bei W. Schneemelcher, Neutestamentliche Apokryphen, Tübingen ⁵1989, 439–488; franz. Übersetzung Siouville.

Untersteuermann, die Presbyter die Matrosen, die Diakone die Rudermeister, die Katecheten die Zahlmeister. Die „Menge der Brüder", das heißt die Gläubigen, das sind die Passagiere. Sie fahren nicht, sie werden gefahren, sie sind auf Gedeih und Verderb dem Können oder Nicht-Können der Schiffsmannschaft ausgeliefert: das Bild einer Kleruskirche, wie es sich durch die Jahrhunderte bis in unsere Tage durchgehalten hat.

Das Bild wird vervollständigt durch die anschließende Anweisung: „Die Seereisenden sollen ruhig und fest auf ihren Plätzen sitzen, damit sie nicht durch unordentliches Benehmen gefährliche Schiffsbewegungen und Schlagseiten verursachen."

(6) Das unauslöschliche Merkmal im Priester

Eine Wende zum *persönlichen* Priestertum führt erst *Augustinus* (354–430) herbei, „indem er von der Gnade des Heiligen Geistes, die verloren werden kann, eine unverlierbare Gnade des Weihesakramentes unterschied".[109] Auch wer sein kirchliches Amt verliert, für den bleibt doch das Sakrament der Ordination weiter bestehen. „Selbst wenn jemand durch eine Schuld vom Amt entfernt wird, behält er das einmal empfangene Sakrament des Herrn."[110]

Deshalb ist für Augustinus die Ordination auch nicht wiederholbar. Sie ist dem Priester unauslöschlich eingeprägt und gehört zu seinem Charakter. Das heißt, sie drückt wie das den Sklaven, Soldaten und Tieren aufgeprägte Merkzeichen, *character* genannt, ein unaufhebbares Eigentumsverhältnis aus (Sklave-Herr, Soldat-Kaiser, Herde-Hirt). „Der Fahnenflüchtige trägt nicht das Erkennungsmal des Fahnenflüchtigen, sondern das des Feldherrn. So trägt auch der Getaufte das Sakrament der Taufe und der Ordinierte das Sakrament der Ordination auch getrennt von der Kirche unverlierbar in sich."[111]

---

[109] Ott, 29.
[110] Ott, ebd.
[111] Ott, 30. Freilich spricht Augustinus vom *priesterlichen* character nur vereinzelt, hingegen sehr oft vom *Tauf*character, wobei die Elemente da

Von einem Priestertum nach heutigem Verständnis kann demnach nicht vor dem 5. Jahrhundert gesprochen werden. „Es steht jedenfalls fest, daß bei den älteren Vätern irgendwelche Spuren von einem ‚character indelebilis' oder einem „Sakrament" der Priesterweihe nicht nachzuweisen sind, und wo man etwas Derartiges zu finden meint, handelt es sich um Mißverständnisse. ... Die entscheidende Wendung zu einer neuen, absoluten Fassung des Priesterbegriffs erfolgt um die Wende vom 4. zum 5. Jahrhundert."[112]

Der Durchgang hat gezeigt, daß alle Ämter Schöpfungen der Kirche sind. *Keines* läßt sich auf Jesus zurückführen, auch nicht das

---

sind, um sie auf das Priestertum zu übertragen (vgl. E. Dassmann, Art. Character, Augustinus-Lexikon vol. I, 1986–1994, 835–840). Wie wenig präzis die diesbezüglichen Vorstellungen bei Augustinus sind, zeigt sich schon darin, daß er gleichbedeutend mit *character* die Begriffe sacramentum, sanctitas,consecratio, baptismus, ordinatio verwendet. Im Grunde geht es schlicht um ein Eigentumsverhältnis, das durch die Taufe hergestellt wird und das ein *bleibendes* ist, weshalb die Taufe nicht wiederholt werden kann. Dagegen geht es Augustinus nicht um ein der *Seele* eingeprägtes Merkmal (vgl. G. Bavaud, in: Oeuvres de Saint-Augustin 29: Traités Anti-Donatistes vol. II: De Baptismo libri VII, Paris 1964, 581 f), so daß gesagt werden kann, die Lehre vom priesterlichen *character* finde sich bei Augustinus erst ansatzweise („ce qui sera plus tard la théologie du caractère est seulement en germe dans la doctrine augustinienne": J. Pintard, Le sacerdoce selon Saint Augustin, 1960, 128). Die Lehre vom „character indelebilis", wie wir sie bei Thomas von Aquin finden, ist ein Machwerk mittelalterlicher Theologie, das durch die Jahrhunderte bis heute weitergeschleppt wurde. Die neuzeitlichen Dogmatiker tun sich freilich nicht leicht, Wesen und Wirkung dieses „unauslöschlichen Merkmals" zu definieren. „In der Tradition der Kirche wird diese durch die Weihe verliehene Befähigung (sc. an Christi Statt zu handeln) „character indelebilis" – unauslöschliches Prägemal – genannt. Unauslöschlich ist es deshalb, weil es in der unverbrüchlichen Verheißung und dem reuelosen Willen Christi gründet, durch den Dienst des Geweihten sein Heilswerk weiterzuvermitteln." (G. Greshake, Priester sein, Freiburg i. Br. 1982, 114 [mit späteren Auflagen]).
[112] von Campenhausen: Priesterbegriff, 280. Die Belege für eine frühere Ansetzung, die Lécuyer vorlegt, vermögen nicht zu überzeugen. – Der Nachweis, wie ein Sakrament, von dem vierhundert Jahre lang in der Kirche nichts wahrzunehmen ist, von Christus eingesetzt, ja ein „Grundamt der Kirche" (Koch, 12) sein kann, muß den Dogmatikern anheimgegeben werden. Für die Exegeten ist die Sache längst klar.

des Bischofs und am allerwenigsten das des Priesters. Somit liegt die Verfügung über diese Ämter auch heute in der Hand der Kirche. Vor allem herrschte in der Feier der Eucharistie die größte Vielfalt. Sie wurde vollzogen von der ganzen Gemeinde[113] von Gastgebern und Gastgeberinnen der Hausgemeinden, von Propheten, Lehrern, Ältesten, Episkopen, Presbytern und schließlich – seit dem 5. Jahrhundert – von sakramental geweihten Priestern. Nahezu vierhundert Jahre lang war eine „Priesterweihe" für den Vollzug der Eucharistie nicht erforderlich. Warum soll sie heute unerläßlich sein?[114]

---

[113] Hoffmann, 29, schreibt vom Vorsitz beim Herrenmahl: „In 1 Kor 11 erscheint dessen Vollzug als Angelegenheit der ganzen Gemeinde. ... Träger der ‚sakramentalen Akte' ist das ‚Wir' der Gemeinde." Von daher wird der heute in priesterlosen Gemeinden mehr und mehr um sich greifende Brauch legitimiert, daß die ganze Gemeinde den Einsetzungsbericht spricht.
[114] Daß das Bewußtsein dafür im Kommen ist, zeigte jüngst die Tagung der Arbeitsgemeinschaft der deutschsprachigen Liturgiker vom 23. bis 27. September 1996 (vgl. HK 50 [1996], 641–644).

Ergebnis

Wir können festhalten:

1. In der katholischen Kirche gibt es zwei Stände, Klerus und Laien, mit unterschiedlichen Privilegien, Rechten und Pflichten. Diese Kirchenstruktur entspricht nicht dem, was Jesus getan und gelehrt hat. Sie hat sich folglich in der Geschichte der Kirche auch nicht zum Guten ausgewirkt.

2. Das Zweite Vatikanische Konzil hat die tiefe Kluft zwischen Klerus und Laien zwar ansatzweise zu überbrücken versucht, sie aber nicht beseitigt. Auch in den Konzilsdokumenten erscheinen die Laien als die Gehilfen der Hierarchie, und sie haben keine Möglichkeit, die ihnen zustehenden Rechte wirksam einzufordern.

3. Jesus lehnte das jüdische Priestertum und den blutigen Opferkult seiner Zeit ab. Er hatte zum Tempel und zu dem von Priestern vollzogenen Tempelgottesdienst ein gebrochenes Verhältnis. Er kündete den Untergang des Jerusalemer Tempels an und gab zu verstehen, daß er sich an dessen Stelle keinen anderen Tempel vorstellen konnte. Deshalb war es die jüdische Priesterschaft, die ihn ans Kreuz lieferte.

4. Mit keinem Wort deutete Jesus an, daß er in seiner Jüngerschaft ein neues Priestertum und einen neuen Opferkult wollte. Er selbst war nicht Priester, auch keiner der „Zwölf", keiner der Apostel, auch nicht Paulus. Ebensowenig soll es nach den übrigen Schriften des Neuen Testaments ein neues Priestertum geben.

5. Jesus wollte in seiner Jüngerschaft keine Klassen oder Stände. „Ihr alle seid Brüder", lautet seine Weisung (Mt 23,8). Deshalb betrachteten und bezeichneten sich die frühen Christen als " Brüder" und „Schwestern".

6. Im Widerspruch zu dieser Weisung Jesu bildete sich jedoch im dritten Jahrhundert eine „Hierarchie", eine „heilige Obrigkeit" heraus. Das hatte die Scheidung der Gläubigen in zwei Stände, Klerus und Laien, „Geweihte" und „Volk", zur Folge. Die Hierarchie nahm für sich die Leitung der Gemeinden und vor allem die Liturgie in Anspruch. Sie weitete ihre Macht immer weiter aus. Die Laien wurden zur Dienstleistung und zum Gehorsam verpflichtet.

7. Durch die weltweite Ausbreitung der Kirche wurden Ämter notwendig. Diese konnten, wie die Geschichte zeigt, die verschiedensten Formen annehmen. Alle Ämter, auch das des Bischofs, sind jedoch Einrichtungen der Kirche. Diese hat es deshalb in der Hand, sie beizubehalten, zu verändern oder abzuschaffen, wenn die Verhältnisse dies nahelegen.

8. Seit dem 5. Jahrhundert erfordert die Feier der Eucharistie die Mitwirkung eines sakramental geweihten Priesters. Seit dem 5. Jahrhundert bahnt sich auch die Vorstellung an, die Priesterweihe präge ihrem Empfänger ein unauslöschliches Merkmal auf. Diese von der mittelalterlichen Theologie weiterentwickelte Lehre wurde vom Konzil von Trient (16. Jahrhundert) zur verbindlichen Glaubenslehre erhoben.

9. Vierhundert Jahre lang waren es – nach unserem Sprachgebrauch – „Laien", die der Eucharistie vorstanden. Dies zeigt, daß ein sakramental geweihter Priester nicht erforderlich ist und weder biblisch noch dogmatisch begründet werden kann.

10. Voraussetzung, der Eucharistie vorzustehen, sollte somit nicht eine *Weihe*, sondern ein *Auftrag* sein. Dieser kann einem Mann oder einer Frau, ob verheiratet oder unverheiratet, erteilt werden. Für beide, Mann und Frau, ist gleichermaßen das volle kirchliche Amt zu fordern, das die Ermächtigung zur Eucharistie selbsttätig einschließt.

Autorenregister

Aland, Barbara 87
Algermissen, Konrad 14 f
Altermatt, Urs 16
Aretin, Karl Otmar von 14
Audet, Jean-Paul 75

Balthasar, Hans Urs von 38
Barth, Hans-Martin 71
Bavaud, Georges 109
Beaude, Pierre-Marie 69
Beinert, Wolfgang 43
Benedikt XV. 37
Betz, Johannes 104
Beyschlag, Karlmann 89
Blank, Josef 58
Blond, Georges 104
Böckenförde, Werner 30
Boekholt, Peter 28, 31
Bradshaw, Paul F. 52
Braunbeck, Elisabeth 24
Brox, Norbert 72 f, 100
Bultmann, Rudolf 41

Campenhausen, Hans von 66, 84, 86, 89, 93, 99 f, 102 f, 105, 107 ff, 110
Chilton, Bruce 53
Congar, Yves 16 f, 19
Cullmann, Oscar 53, 57, 61 f
Czell, Gernot 12, 35

Dassmann, Ernst 109
Dautzenberg, Gerhard 98
Davies, J. G. 98

Deissler, Alfons 74 ff
Denzler, Georg 39

Eicher, Peter 58
Elbogen, Ismar 56
Ernst, Josef 40
Errázuriz, Carlos J. 29

Faivre, Alexandre 86, 93, 102, 107 f
Fischer, Joseph. A. 86, 101, 104
Fluck, Cäcilia 106

Gärnter, Bertil 51
Gnilka, Joachim 80, 83
Goppelt, Leonhard 72
Grässer, Erich 69
Greshake, Gisbert 110
Grohs, Gerhard 12, 35
Guyot, Peter 90, 98

Hahn, Ferdinand 52, 57, 59
Hainz, Josef 94
Häring, Bernhard 45 f
Harnack, Adolf von 87
Hasitschka, Martin 41
Herrmann, Elisabeth 76, 106 f
Hillenbrand, Karl 93
Hoffmann, Paul 93 ff, 96, 110
Hofius, Otto Friedrich 77
Holzgreve, Werner 35
Hübner, Reinhard M. 93, 99 f

Irmscher, Johannes 109

Abkürzungsverzeichnis

AAS = Acta Apostolicae Sedis
ad Eph = Brief des Ignatius an die Epheser
Ann. = Annalen
Apol. = Apologie
BZ = Biblische Zeitschrift
Can. = Canon des CIC
CIC = Codex Iuris Canonici
DB = Dictionaire de la Bible, hrsg. v. F. Vigouroux, 5 Bde, Paris 1895–1912 (vgl. DBS)
DBS = Dictionaire de la Bible, Supplément, hrsg. v. L. Pirot, fortges. v. A. Robert, Paris 1928 ff (vgl. DB)
Dial. = Dialog
Did = Didache
FS = Festschrift
HK = Herder-Korrespondenz
LThK = Lexikon für Theologie und Kirche
Magn = Brief des Ignatius an die Magnesier
Or = Orientierung
Pes = Mischna-Traktat Pesachim
Philad = Brief des Ignatius an die Philadelphier
QS = Gemeinde-("Sekten"-)Regel von Qumran
RAC = Reallexikon für Antike und Christentum, hrsg. v. Th. Klauser, Stuttgart 1941 (1950)ff
Smyr = Brief des Ignatius an die Smyrnäer
S. Th. = Summa Theologica
ThQ = Theologische Quartalschrift
Trall = Brief des Ignatius an die Trallianer
TRE = Theologische Realenzyklopädie
TThZ = Trierer Theologische Zeitschrift

Literatur zum Thema

Die hier aufgeführten Autoren werden in Text und Anmerkungen nur mit Namen, gegebenenfalls Titelstichwort zitiert.

Algermissen, Konrad: Katholische Aktion, in: LTHK[1], Bd. 5, 1933, 902–908.

Barth, Hans-Martin: Einander Priester sein. Allgemeines Priestertum in ökumenischer Perspektive. Göttingen 1990.

Betz, Johannes: Eucharistie. In der Schrift und Patristik, in: Handbuch der Dogmengeschichte, Bd. IV, Fasz. 4a, 1979.

Boekholt, Peter: Der Laie in der Kirche. Seine Rechte und Pflichten im neuen Kirchenrecht. Kevelaer 1984.

Bradshaw, Paul F.: Ordination Rites of the Ancient Churches of East and West. New York 1990.

Bradshaw, Paul F.: The Search for the Origins of Christian Worship. London 1992.

Braunbeck, Elisabeth: Der Weltcharakter des Laien. Eine theologisch-rechtliche Untersuchung im Licht des II. Vatikanischen Konzils. Regensburg 1993.

Breid, Franz (Hg.): Priester und Laien. Referate der „Theologischen Sommerakademie 1990" des Linzer Priesterkreises. Steyr 1991.

von Campenhausen, Hans: Die Anfänge des Priesterbegriffs in der alten Kirche, in: Tradition und Leben. Tübingen 1960, 272–289.

von Campenhausen, Hans: Kirchliches Amt und geistliche Vollmacht in den ersten drei Jahrhunderten. Tübingen [2]1963.

von Campenhausen, Hans: Die Entstehung der christlichen Bibel. Tübingen 1968.

Chilton, Bruce: The Temple of Jesus. University Park 1992.

Congar, Yves M.-J.: Jalons pour une théologie du laïcat. Paris 1953.

Cullmann, Oscar: Le problème littéraire et historique du roman Pseudo-Clémentin. Paris 1930.

Cullmann, Oscar: Urchristentum und Gottesdienst. Basel 1944.

Deissler, Alfons u.a.: Der priesterliche Dienst. Ursprung und Frühgeschichte . Quaestiones disputatae 46, Freiburg i.Br. 1970.

Denzler, Georg (Hg.): Priester für heute. München 1980.

Direktorium für Dienst und Leben der Priester. Kongregation für den Klerus 1994.

Errázuriz, Carlos J.: „Munus docendi Ecclesiae": Diritti e doveri dei fedeli. Milano 1991.

Faivre, Alexandre: Naissance d'une hiérarchie. Paris 1977.

Faivre, Alexandre: Les laïcs aux origines de l'Eglise. Paris 1984.

Faivre, Alexandre: Ordonner la fraternité. Paris 1992.

Fischer, Joseph A.: Die Apostolischen Väter, griechisch und deutsch. Darmstadt/München 1956.

Gärtner, Bertil: The Temple and the Community of Qumran and the New Testament. Cambridge 1965.

Glaubitz, Elfriede: Der christliche Laie. Vergleichende Untersuchung vom Zweiten Vatikanischen Konzil zur Bischofssynode 1987. Diss. Gregoriana 1992, Würzburg 1995.

Grässer, Erich: Die Gemeindevorsteher im Hebräerbrief, in: Schröer/Müller, 67–84.

Grohs, Gerhard/*Czell*, Gernot (Hg.): Kirche in der Welt – Kirche der Laien? Frankfurt a. M. 1990.

Guyot, Peter/*Klein*, Richard: Das frühe Christentum bis zum Ende der Verfolgungen. Bd.I: Die Christen im heidnischen Staat. Bd.II: Die Christen in der heidnischen Gesellschaft. Darmstadt 1993/94.

Hahn, Ferdinand: Der urchristliche Gottesdienst. Stuttgart 1970.

Härinq, Bernhard: Heute Priester sein. Freiburg i. Br. [2]1996.

Herrmann, Elisabeth: Ecclesia in Re Publica. Die Entwicklung der Kirche von pseudostaatlicher zu staatlich inkorporierter Existenz. Frankfurt a. M./Bern 1980.

Hoffmann, Paul: Priestertum und Amt im Neuen Testament, in: Hoffmann, Paul (Hg.): Priesterkirche. Düsseldorf [2]1989, 12–61.

Holzgreve, Werner: Die Stunde der Laien ist da! Das Ende der Leidensbereitschaft an der Kirche. Konstanz 1992.

Hübner, Reinhard M.: Die Anfänge von Diakonat, Presbyterat und Episkopat in der frühen Kirche, in: Rauch/Imhof, 45 89.

Jefford, Clayton N. (Hg.): The Didache in Context. Suppl. to Novum Testamentum 77. Leiden 1995.

Jeremias, Joachim: Jerusalem zur Zeit Jesu. Göttingen [3]1962.

Karrer, Leo: Aufbruch der Christen. Das Ende der klerikalen Kirchen. München 1989.

Kertelge, Karl: Gemeinde und Amt im Neuen Testament. München 1972.

Klauck, Hans-Josef: Gemeinde ohne Amt. Erfahrungen mit der Kirche in den johanneischen Schriften, in: BZ 29 (1995), 193–220 .

Klinger, Elmar/*Zerfass*, Rolf (Hg.): Die Kirche der Laien. Eine Weichenstellung des Konzils. Würzburg 1987.

Klinzing, Georg: Die Umdeutung des Kultus in der Qumrangemeinde und im Neuen Testament. Göttingen 1971.

Koch, Kurt: Kirche der Laien? Plädoyer für die göttliche Würde der Laien in der Kirche. Freiburg/Schweiz 1991.

Lampe, Peter: Die stadtrömischen Christen in den ersten beiden Jahrhunderten. Tübingen 1987.

Lécuyer, Joseph: Le sacrement de l'ordination. Paris 1983.

Les laïcs dans l'Eglise et dans le monde. Leur vocation et leur mission vingt ans après Vatican II. Synode des évêques Rome 1987. Paris 1987.

Limbeck, Meinrad: Die Religionen im Neuen Testament, in: ThQ 169 (1989), 44–56.

Lindemann, Andreas: Die Clemensbriefe. Tübingen 1992,

Loretan, Adrian: Laien im pastoralen Dienst. Freiburg/Schweiz 1994.

Martin, Jochen: Die Genese des Amtspriestertums in der frühen Kirche. Quaestiones disputatae 48, Freiburg i. Br. 1972.

Meier, John: The eucharist at the Last Supper: Did it happen? Theology Digest 42 (1995), 335–351.

Merklein, Helmut: Das kirchliche Amt nach dem Epheserbrief. München 1973.

Merklein, Helmut: Erwägungen zur Überlieferungsgeschichte der neutestamentlichen Abendmahlstraditionen, in: BZ 21 (1977), 88–101.235–244.

Munier, Charles: L'Apologie de Saint Justin Philosophe et Martyr. Freiburg/Schweiz 1994.

Neuner, Peter: Der Laie und das Gottesvolk. Frankfurt a. M. 1988.

Neymeyr, Ulrich: Die christlichen Lehrer im zweiten Jahrhundert. Leiden 1989.

Niederwimmer, Kurt: Die Didache. Göttingen ²1993.

Ott, Ludwig: Das Weihe-Sakrament, in: Handbuch der Dogmengeschichte, Bd. IV, Fasz. 5. Freiburg i. Br. 1969.

Parent, Rémi: Une Eglise de baptisés. Pour surmonter l'opposition clercs/laïcs. Paris 1987.

Pesch, Wilhelm: Priestertum und Neues Testament, in: W. Pesch u. a.: Priestertum – Kirchliches Amt zwischen gestern und morgen. Aschaffenburg 1971, 10–35.

Puza, Richard: Der Laie im neuen Codex Juris Canonici, in: ThQ 164 (1984), 88–102.

Puza, Pichard: Katholisches Kirchenrecht. Heidelberg 1986.

Raj_p, Aleksander, „Priester" und „Laien". Ein neus Verständnis. Diss. Trier, Düsseldorf 1982.

Rauch, Albert/*Imhof,* Paul (Hg.): Das Priestertum in der Einen Kirche. Diakonat, Presbyterat und Episkopat. Aschaffenburg 1987.

Riggs, John W.: The Sacred Food in Didache 9–10 and Second-Century Ecclesiologies, in: Jefford, aaO., 256–283.

Rohrbasser, Anton (Hg.): Sacerdotis Imago. Päpstliche Dokumente über das Priestertum von Pius X. bis Johannes XXIII. Freiburg/Schweiz 1962.

Rollet, Henri: Les laïcs d'après Je Concile. Paris o. J. = 1965.

Roloff, Jürgen: Die Kirche im Neuen Testament. Göttingen 1993.

Rordorf, Willy u. a.: L'eucharistie des premiers chrétiens. Paris 1976.

Rordorf, Willy/*Tuilier*, André: La Doctrine des Douze Apôtres. Introduction, Texte, Traduction, Notes. Paris 1978 (Sources Chrétiennes 248).

Rordorf, Willy: Liturgie, foi et vie des premiers chrétiens. Etudes patristiques. Paris 1986.

Rordorf, Willy: Die Mahlgebete in Didache Kap. 9–10: ein neuer Status quaestionis (im Druck).

Ruckstuhl, Eugen: Jesus, Freund und Anwalt der Frauen. Stuttgart 1996.

Schäfer, Klaus: Gemeinde als „Bruderschaft". Ein Beitrag zum Kirchenverständnis des Paulus. Bern 1989.

Schröer, Henning/*Müller*, Gerhard (Hg.): Vom Amt des Laien in Kirche und Theologie. FS für Gerhard Krause. Berlin 1982.

Seagraves, Richard: Pascentes cum disciplina. A Lexical Study of the Clergy in the Cyprianic Correspondence. Freiburg/ Schweiz 1993.

Siouville, André: Les homélies clémentines. Paris (1933) 1991.

De Smedt, Emmanuel J.: Vom allgemeinen Priestertum der Gläubigen. München 1962.

Söding, Thomas: Das Mahl des Herrn, in: B. J. Hilberath/D. Sattler (Hg.): Vorgeschmack. FS für Th. Schneider. Mainz 1995, 134–163.

Steinmaus-Pollak, Angelika: Das als Katholische Aktion organisierte Laienapostolat. Diss. Regensburg 1986/87. Würzburg 1988.

Stockmeier, Peter: Christlicher Glaube und antike Religiosität, in: H. Temporini/W. Haase: Aufstieg und Niedergang der römischen Welt, 23/2. Berlin 1920, 871–909.

Stockmeier, Peter: Evangelisierung in der frühen Kirche, in: H. Erharter/ R. Schwarzenberger (Hg.): Kirche in gemeinsamer Verantwortung. Wien 1987, 59–74.

Strecker, Georg: Das Judenchristentum in den Pseudoklementinen. Berlin ²1981.

Sustar, Alois: Der Laie in der Kirche, in: J. Feiner u. a. (Hg.): Fragen der Theologie heute. Einsiedeln ³1960, 519–548.

Thils, Gustave: Les Laïcs dans le nouveau Code de Droit Canonique et au IIᵉ Concile du Vatican. Louvain-la-Neuve 1983.

Thomas, Pascal: Ces chrétiens que l'on appelle laïcs. Paris 1988.

Vauchez, André: Gottes vergessenes Volk. Laien im Mittelalter. Freiburg i. Br. 1993.

Verscheure, Jacques: Katholische Aktion, in: LThK², Bd. 6. Freiburg i. Br. 1961, 74–77.

Vilela, Albano: La condition collégiale des prêtres au IIIᵉ siècle. Paris 1971.

Weis, Norbert: Das prophetische Amt der Laien in der Kirche (Diss. Gregoriana, Rom 1981).

Wengst, Klaus: Didache (Apostellehre), Barnabasbrief, Zweiter Klemensbrief, Schrift an Diognet. Darmstadt 1984.

Wiederkehr, Dietrich: Ekklesiologie und Kirchen-Innenpolitik. Protokoll einer Re-lecture der Kirchenkonstitution von Vaticanum II, in: M. Kessler u. a. (Hg.): Fides quaerens intellectum. FS für Max Seckler. Tübingen 1992, 251–267.

Wiederkehr, Dietrich: „Volk Gottes" erster und zweiter Klasse? in: „Wir sind Kirche", aaO. (s. u.), 111–124.

Wiederkehr, Dietrich (Hg.): Der Glaubenssinn des Gottesvolkes – Konkurrent oder Partner des Lehramts? Quaestiones disputatae 151, Freiburg i. Br. 1994.

Wiederkehr, Dietrich: Sensus vor Consensus: auf dem Weg zu einem partizipativen Glauben – Reflexionen einer Wahrheitspolitik, in: D. Wiederkehr (Hg.): Der Glaubenssinn ..., aaO., 182–206.

Wildberger, Hans: Jahwes Eigentumsvolk. Zürich 1960.

Winterswyl, Ludwig A.: Die Zwölfapostellehre. Eine urchristliche Gemeindeordnung. Freiburg i. Br. ²1954.

„Wir sind Kirche" – Das Kirchenvolks-Begehren in der Diskussion. Freiburg i. Br. 1995.

Zimmermann, Alfred F.: Die urchristlichen Lehrer. Tübingen 1984.

Herbert Haag

Den Christen die Freiheit
Erfahrungen und widerspenstige Hoffnungen
2. Auflage, 224 Seiten, Gebunden
ISBN 3-451-22776-2

Wie steht es mit dem freien Wort in der Kirche, wie mit den
Menschenrechten? Was ist mit der Unauflöslichkeit der Ehe
wirklich gemeint? Ist der Abschied von der Priesterkirche nicht längst
überfällig? Wann endlich setzen sich demokratischere und
kommunikativere Strukturen in der Kirche durch?
Brennende Fragen aus dem Munde eines großen Theologen –
Antworten voller Erfahrung und widerspenstiger Hoffnung.

Biblisches Wörterbuch
2. Auflage, 448 Seiten mit zahlreichen
Abbildungen, Gebunden
ISBN 3-451-23396-7

Die erweiterte und vollkommen überarbeitete Neuausgabe informiert
in mehr als 800 Stichwörtern rasch und präzise über Personen,
Sachen und Orte der Bibel sowie des biblischen Umfelds.
Eine praktische Verständnishilfe zur Bibel – für Schule,
Studium, persönliche Schriftlesung und Gemeinde.

Verlag Herder

Kirche heute

Medard Kehl
Wohin geht die Kirche?
Eine Zeitdiagnose
5. Auflage, 176 Seiten, Paperback
ISBN 3-451-23961-2

Einer der profiliertesten deutschsprachigen Theologen analysiert
nüchtern und in klarer Sprache die außer- und innerkirchlichen
Hintergründe der aktuellen Kirchenkrise. Darüber hinaus wagt er aber
auch Prognosen und weist Wege, wie die Zukunft der Kirche
gelingen könnte.

Bernhard Häring
Meine Hoffnung für die Kirche
Kritische Ermutigungen
160 Seiten, Gebunden
ISBN 3-451-26159-6

Kritisch, schonungslos und zugleich hoffnungsfroh meldet sich
Bernhard Häring zur aktuellen Situation der Kirche und des
Christentums zu Wort.

Verlag Herder